**Análise Sensorial
Fundamentos
e Métodos**

Análise Sensorial
Fundamentos e Métodos

Editora

Jane Rizzo Palermo

EDITORA ATHENEU

São Paulo — Rua Jesuíno Pascoal, 30
Tel.: (11) 2858-8750
Fax: (11) 2858-8766
E-mail: atheneu@atheneu.com.br

Rio de Janeiro — Rua Bambina, 74
Tel.: (21) 3094-1295
Fax: (21) 3094-1284
E-mail: atheneu@atheneu.com.br

Belo Horizonte — Rua Domingos Vieira, 319 – conj. 1.104

CAPA: *Equipe Atheneu*

PRODUÇÃO EDITORIAL: *MWS Design*

Dados Internacionais de Catalogação na Publicação (CIP)
(Câmara Brasileira do Livro, SP, Brasil)

Análise sensorial : fundamentos e métodos / editora Jane Rizzo Palermo. -- Rio de Janeiro : Editora Atheneu, 2015.

Bibliografia.
ISBN 978-85-388-0662-2

1. Alimentos - Avaliação sensorial 2. Avaliação sensorial 3. Avaliação sensorial - Métodos estatísticos I. Palermo, Jane Rizzo.

15-07190   CDD-664.07

Índices para catálogo sistemático:
1. Alimentos : Análise sensorial : Tecnologia de alimentos   664.07
2. Análise sensorial de alimentos : Tecnologia de alimentos   664.07

PALERMO J.R.
Análise Sensorial – Fundamentos e Métodos

© Direitos reservados à EDITORA ATHENEU – São Paulo, Rio de Janeiro, Belo Horizonte, 2015.

Editora

JANE RIZZO PALERMO
*Formada em Engenharia de Alimentos pela Faculdade de
Engenharia de Alimentos da Universidade Estadual de Campinas
– Unicamp. Mestre em Tecnologia de Alimentos pela Unicamp.
Doutora em Alimentos e Nutrição pela Unicamp.*

Apresentação

Meu propósito, ao escrever este livro, foi o de auxiliar o uso da análise sensorial nas diversas áreas industriais, empregando a percepção humana para detectar defeitos e qualidades de produtos industrializados.

Análise sensorial é uma técnica de análise de alimentos e outros materiais através dos órgãos sensoriais humanos. Os sentidos são os instrumentos utilizados para se detectar tudo que nos rodeia, por meio de técnicas e métodos apropriados que garantam a confiança dos resultados.

A indústria, seja ela alimentícia, farmacêutica, perfumaria, animal, química, automobilística entre outras, tem reconhecido a análise sensorial como uma importante ferramenta para determinar a qualidade e aceitação dos produtos que são colocados no mercado consumidor.

Seja na área de desenvolvimento de novos produtos, como na produção, avaliação, qualificação e aceitação pelo consumidor ou no controle de qualidade, marketing e distribuição desses produtos no mercado, a indústria se utiliza de testes sensoriais que visam medir sua evolução tecnológica.

Diversos métodos podem ser empregados para esse tipo de análise a fim de se conquistar maiores mercados ou específicos consumidores. A avaliação humana, através dos órgãos de sentidos, é, sem dúvida, o melhor instrumento para julgar os atributos dos produtos comercializados.

Este livro tem como objetivo cobrir conceitos e fundamentos básicos para a instalação de laboratórios sensoriais, seleção e treinamento de equipes de provadores, bem como a aplicação e análise dos testes sensoriais, delineamentos experimentais e análise estatística dos resultados obtidos nos testes sensoriais.

Cada capítulo do livro abrange um campo dessa ciência, permitindo entender os termos e métodos usados para avaliação de materiais por meio de medições cujo instrumento é o sentido humano. Cada um dos sentidos tem papel único na determinação da medida sensorial.

O livro é destinado a todos aqueles – estudantes e técnicos de nível médio ou superior – que desejam iniciar ou adicionar conhecimento nas atividades de análise sensorial.

Jane Rizzo Palermo

Agradecimentos

À minha família, por estar sempre presente.

À Editora Atheneu, pela oportunidade.

E a Deus, por me dar condições de realizar sonhos.

Sumário

1. Análise Sensorial: O Que É?, 1

2. Os Gostos Básicos, 7

3. Noções Gerais sobre Qualidade, 11

4. Os Sentidos Humanos, 17

5. Fatores a Serem Observados os Testes de Análise Sensorial, 41

6. Fatores Que Influenciam as Medidas Sensoriais, 53

7. Métodos para Avaliação Sensorial, 57

8. Análise Estatística Aplicada, 113

9. Referência Bibliográfica, 125

10. Tabelas Estatísticas, 127

    Índice Remissivo, 153

Análise Sensorial: O Que É?

Análise sensorial é uma ciência, relativamente recente, que se desenvolveu por exigência do fabricante de alimentos para atender o gosto do consumidor. A sua evolução ocorreu com o progresso tecnológico da indústria de alimentos e quatro fases na metodologia aparecem em destaque (Costell & Duran, 1981).

A primeira fase aconteceu antes de 1940, época em que indústria de alimentos era pequena, rudimentar, artesanal e o próprio dono era responsável pela qualidade sensorial do produto e determinava as mudanças de processo de acordo com sua opinião.

A segunda fase data de 1940 a 1950, quando alguma tecnologia foi introduzida por técnicos químicos e/ou farmacêuticos. Mas os métodos de análise empregados eram ainda químicos e instrumentais que pouco traduzia a aceitação ou rejeição do produto pelo consumidor. Os métodos sensoriais eram até então desconsiderados.

Na terceira fase, de 1950 a 1970, nutricionistas foram utilizados para desenvolver rações para soldados americanos em guerra nos campos europeus. Essas dietas, apesar de serem balanceadas e tecnologicamente adequadas, não proporcionavam o prazer e a satisfação de comer. Com isso, muitos soldados deixaram de consumir o produto, provocando aparecimento de desnutrição e debilidade física. Esse fato proporcionou um grande impulso para o desenvolvimento da metodologia sensorial. Desde então, a indústria alimentícia passou a considerar o homem como um importante instrumento de medida das características sensoriais dos alimentos. Vários investimentos foram feitos para criar e definir os parâmetros de qualidade sensorial relacionada aos alimentos, pesquisas foram realizadas para avaliar o comportamento do homem e sua influência nos testes sensoriais, com envolvimento da área da fisiologia, da psicologia e da sociologia.

Nessa fase, foram definidos os atributos primários que integram a qualidade sensorial; normalizadas a forma e as condições das perguntas realizadas aos provadores e tratamentos estatísticos foram aplicados aos dados obtidos; estudadas e desenvolvidas pesquisas sobre a percepção do homem para verbalizar a sensação sofrida frente a um estímulo provocado. Pesquisas foram desenvolvidas nas áreas da fisiologia (órgãos sensoriais), psicologia (comportamento) e da sociologia (meio ambiente) além do surgimento de instrumentos capazes de imitar ou duplicar a ação humana correlacionados com medidas sensoriais através de modelos estatísticos.

Mas só a partir de 1970, a análise sensorial teve papel crescente na indústria alimentícia. É nessa fase que a qualidade sensorial é definida como o resultado da interação entre o alimento e o homem. A qualidade sensorial passa de uma avaliação individual do alimento para uma característica resultante dos estímulos procedentes dos alimentos no homem. Essa resposta varia de pessoa para pessoa e é função das diferenças em experiência, expectativa, grupo étnico, preferência de cada indivíduo. Surgiram então, os métodos sensoriais e instrumentais para avaliar a qualidade organoléptica e reológica dos produtos destinados ao consumo.

A qualidade sensorial passou a ser definida como o resultado da interação das características do alimento com a resposta do homem sobre o alimento consumido. A Figura 1.1 mostra como a interação das condições fisiológicas, sociológicas, psicológicas e ambientais afeta os resultados sensoriais. Como o homem é utilizado como instrumento de medida da qualidade de um produto, um controle rígido das condições de aplicação dos testes e do efeito emocional do homem faz-se necessário com o objetivo de evitar erros.

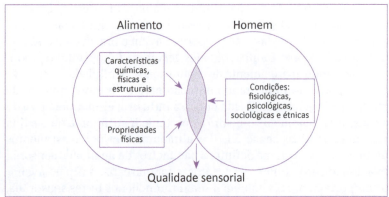

Figura 1.1: *Interação das características dos alimentos com o homem.*

A qualidade foi subdividida em três categorias:
- Quantitativa: exprime o grau e a direção que um atributo é percebido.
- Não aparente: é avaliada mesmo sem a consciência do provador.
- Sensorial: é determinada pelo consumidor por permitir utilizar seus próprios sentidos.

Hoje a análise sensorial tem sido empregada em várias outras áreas, como na indústria de cosméticos, perfumaria, charutaria a fim de garantir a boa aceitação de qualquer produto no mercado satisfazendo os anseios do consumidor.

A sensibilidade sensorial é uma característica do ser humano que desde bebê, é capaz de identificar, qualificar e quantificar as sensações produzidas por um alimento colocado na boca seja de forma consciente ou não. As preferências dos recém-nascidos por determinado gosto básico ou alimento podem ser medidas através de expressões faciais, força e frequência de sucção, volume ingerido ou batimento cardíaco.

A aceitação ou a rejeição de um produto é função de suas propriedades avaliadas pelos órgãos dos sentidos, ou seja, do gosto, da visão, do olfato, do tato e da audição quando um alimento é colocado na boca. Não se tem conhecimento ainda de algum método instrumental tão objetivo e satisfatório para medir as características do sabor, o qual tem grande importância sobre a aceitabilidade de um alimento por parte do consumidor.

A qualidade sensorial não precisa estar sob controle governamental para proteger o consumidor, pois ele mesmo julga a qualidade do produto através de seus próprios sentidos. Os testes sensoriais visam informar aos fabricantes de alimentos a preferência do mercado para se obter um produto cujas características sejam coincidentes com as que o consumidor espera encontrar.

Quando pessoas são usadas como um instrumento de medida, é importante o emprego de método adequado e controle das condições de aplicação dos testes para evitar os erros causados pelos fatores psicológicos e agentes externos possam influir nos resultados.

Tanto as condições físicas, mentais ou psicológicas da equipe de laboratório, assim como, o ambiente causam influência nos provadores em testes sensoriais. Por exemplo: algumas pessoas podem ter maior acuidade para sabor pela manhã e outras pela tarde ou as condições do tempo podem influir na disposição da equipe. Portanto, deve-se providenciar um conforto geral para o desenvolvimento do trabalho.

A análise sensorial avalia as alterações agradáveis e desagradáveis dos alimentos produzidas pelo efeito de trabalhos experimentais. Esse efeito é medido e analisado através de métodos estatístico sensoriais e de equipes de degustadores selecionados e treinados que se baseiam em suas próprias impressões do gosto, olfato, tato, audição e visão para julgamento de um alimento.

Uma equipe de provadores treinados dá respostas para:
- Indicar as diferenças e preferências entre as amostras.
- Selecionar o melhor processo para melhorar o nível de qualidade do produto e/ou reduzir custos.
- Auxiliar no desenvolvimento de produtos novos.
- Determinar a alteração da qualidade de um produto, por exemplo, quando este for submetido à ação de um novo suprimento, informando se o consumidor aceitará ou não o produto.
- Identificar a qualidade sensorial de interesse a ser medida.
- Selecionar o melhor método estatístico sensorial para qualificar e quantificar a sensação observada pelo provador.
- Analisar e interpretar estatisticamente os resultados.
- Controlar o efeito da embalagem sobre produtos acabados.
- Avaliar a estabilidade do armazenamento.
- Indicar o comportamento de um produto no mercado.

O IFT (*Institute of Food Science and Tecnology*) define análise sensorial como: "Uma disciplina usada para provocar, medir, analisar e interpretar as reações produzidas pelas características dos alimentos e materiais, como elas são percebidas pelos órgãos da visão, olfato, gosto, tato e audição." Portanto, a análise sensorial transforma dados subjetivos da resposta humana em dados objetivos.

A primeira informação fornecida pela análise sensorial diz respeito à aparência do alimento, que pode determinar sua aceitação ou rejeição. Em geral, as características da aparência envolvidas são: – cor (a regularidade da cor e manchas percebidas pela visão pode determinar a deterioração de um produto); – tamanho e forma (tamanho, comprimento, forma geométrica, distribuição das partículas, indicam os defeitos dos alimentos); – textura (dureza, aspereza, seco, úmido, murcho são características relacionadas com o frescor e qualidade de um produto); – transparência (indicam a ausência ou presença de partículas sólidas visíveis em líquidos e sólidos); – carbonatação (mede o grau de efervescência em bebidas carbonatadas).

A segunda refere-se ao odor, aroma e fragrância percebidos pelo sistema da olfação. O odor é detectado quando compostos voláteis distribuídos no ar penetram pelas narinas, podendo identificar compostos de reações de decomposição. O aroma é percebido de um alimento quando um alimento é colocado na boca. E a fragrância é observada em perfumes ou cosméticos.

O tato é o terceiro atributo percebido, responsável pelas sensações dentro da boca e que confirmam a aceitação ou rejeição do produto através das características como a viscosidade, consistência e textura. A viscosidade refere-se ao fluxo de um líquido submetido a uma força. Consistência e textura podem ser definidas como manifestações sensoriais da estrutura do alimento na boca e nos dentes ou podem ser medidas através de aparelhos.

A quarta informação está relacionada à gustação, a qual irá identificar a natureza e características do produto percebidas por meio de reações químicas e táteis dentro da boca e no trato respiratório.

A quinta informação relaciona-se com a audição, percebida durante a mastigação, sendo responsável pelo som produzido pelo alimento dentro da boca, como crocância e fragilidade e conduzida por vibrações ósseas.

Portanto, a análise sensorial tem como funções principais:
- Identificar o que medir (cor, aroma, odor, gosto, sabor, textura);
- Determinar como medir (métodos estatístico sensoriais do provador);
- Analisar e interpretar os resultados (análise estatísticas).

Os Gostos Básicos 2

A definição dos atributos sensoriais de gosto, aroma, sabor, ainda é muito confusa, havendo vários termos coloquiais que se misturam em meio à população e, por isso devem ser claramente definidos para os provadores dos testes sensoriais.

A gustação ou paladar é a primeira sensação percebida pelo feto, no terceiro mês de gestação. O primeiro gosto básico identificado pela criança é o doce que lhe causa sensação agradável, enquanto o gosto amargo é respondido com expressões faciais negativas.

De acordo com o dicionário, gosto significa o sentido pelo qual se percebe o sabor da comida ou bebida. Sabor é a impressão que certos corpos produzem sobre o órgão do gosto, que envolve principalmente a língua, céu da boca e bochechas. Na prática, parece não haver distinção entre gosto e sabor, porém em linguagem sensorial, sabor é a composição de gosto, aroma e estímulos químicos e táteis.

Há autores que ainda diferenciam odor e aroma. O odor é percebido por substâncias voláteis (fragrantes ou fétidas) que se diluem no ar. O aroma é sentido quando se coloca o alimento na boca e é percebida na região nasofaringe da boca.

Podemos identificar cinco gostos básicos: ácido, salgado, amargo, doce e umami (significa delicioso, saboroso). O gosto umami é produzido pelo MGS-monoglutamato de sódio, cuja principal função é realçar o sabor dos alimentos.

O sabor pode ser definido como a soma das três características: gosto, aroma e sensações táteis. É o sabor que diferencia um alimento de outro.

Como mostra a Figura 2.1, a língua é formada por diversos tipos de células, com características próprias e que são responsáveis pela sensibilidade do sabor e textura do alimento na boca.

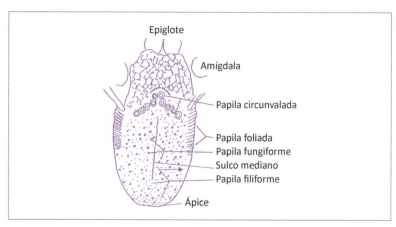

Figura 2.1: *Anatomia da língua e suas áreas gustativas.*

A superfície lingual é formada pelas papilas caliciformes de forma circunvalada, com diâmetro variando de 7 a 10 mm, em conjunto de 7 a 10 estruturas, situadas na parte posterior da língua; papilas foliáceas são pregas, em forma de lâminas, situadas na lateral da língua; papilas fungiformes, encontradas na ponta da língua; papilas filiformes espalhadas por toda a superfície lingual, têm formato afilado, não possuem células gustativas, mas têm apenas função mecânica na mastigação, respondendo as sensações do tato (Quadro 2.1).

Quadro 2.1
Composição das papilas da língua

Papila	Número	Botões/papila	Total
Circunvaladas	7 - 10	100 - 200	1.000 - 1.500
Foliáceas	15 - 20	$\cong 10$	150 - 200
Fungiformes	$\cong 100$	0 - 4	300 - 400
Filiformes	$\cong 1.000$	0	-

Não há células receptoras específicas responsáveis pela sensação de cada tipo de gosto, mas células que respondem com intensidades diferentes aos gostos básicos.

O gosto ácido e o salgado são percebidos através de canais iônicos presentes nas células gustativas que são despolarizadas e enviam sinais por impulsos elétricos até o cérebro, enquanto o gosto doce e o amargo se ligam a proteína G, presente na superfície da célula receptora. O quinto gosto básico, umami, tem receptores semelhantes aos do gosto doce.

As crianças têm maior número de botões gustativos e, por isso, têm maior sensibilidade, e que vão diminuindo com a idade. A sensibilidade do recém-nascido está relacionada com a sucção, frequência cardíaca, expressão facial e volume ingerido.

Alguns fatores podem influir nas características sensoriais dos gostos básicos tais como:

- Temperatura: a sensibilidade para cada um dos gostos básicos é dependente da temperatura de teste da substância analisada, conforme pode ser observado na Figura 2.2.
- Método: métodos diferentes produzem resultados diferentes.
- Ligação sono-fome:
  ♦ Sono: 48 - 72 horas sem dormir, provoca aumento no *threshold* ácido.
  ♦ Fome: de 1 a 2 horas antes ou de 1 a 2 horas depois de uma refeição não é interessante fazer teste sensorial.
- Alcoolismo: não influi.
- Idade: melhor faixa 16 - 50 anos. Até os 16 anos as células do organismo se encontram em desenvolvimento. A partir dos 50 anos, começa o envelhecimento celular e muitas células não são repostas. Ocorre perda de sensibilidade.
- Sexo: não existe diferença significativa.
- Fumo: não influi.
- Adaptação: depende da concentração e número de amostras, podendo causar fadiga sensorial. A adaptação aparece quando um receptor está sendo estimulado constantemente. Exemplo: maresia da estrada de Santos, no olfato.

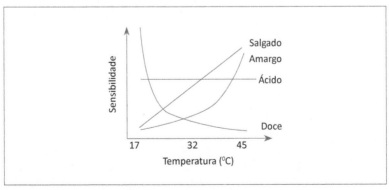

FIGURA 2.2: *Variação do grau de sensibilidade com a temperatura.*

Noções Gerais sobre Qualidade 3

Qualidade pode ser definida como o conjunto de características que diferenciam unidades individuais de um produto e que são significativas na determinação do grau de aceitação pelo consumidor. Portanto, a qualidade de um produto deve ser avaliada pelo conjunto de fatores que o compõem, cada qual medido e controlado independentemente. É a qualidade que caracteriza um produto.

Por exemplo, a cor do produto é, sem dúvida, uma parte importante da aparência, mas não é a sua avaliação global. Outros fatores de qualidade também estão envolvidos sob essa categoria como o tamanho, o brilho e a forma do produto.

Tende-se a perceber os atributos de um alimento na seguinte ordem:

- Aparência: cor, tamanho e forma, textura da superfície, translucidez, grau de carbonatação.
- Odor, aroma: o odor é detectado quando os voláteis de um produto entram na cavidade nasal são percebidos pelo sistema olfatório; aroma é percebido pela região retronasal quando o alimento é colocado na boca.
- Consistência e textura: viscosidade é atribuída para líquidos newtonianos homogêneos; a consistência é para líquidos semissólidos não newtonianos ou heterogêneos; a textura, para sólidos ou semissólidos.
- Sabor (aromático, odor químico, gosto): aromáticos são voláteis percebidos pelo sistema olfatório causados por substâncias na boca, via retronasal; odores químicos são estimulantes neurais das membranas das cavidades nasal e bucal que provocam sensações de adstringência, apimentado, gelado, amargo, sabor metálico e umami; o gosto é a percepção gus-

tativa (salgado, ácido, doce, amargo e umami) causada por substâncias solúveis na boca.

O barulho produzido durante a mastigação da comida é mínimo, mas não é um atributo sensorial desprezível. É comum medir a intensidade, a altura e a persistência do som produzido pelos alimentos. Diferenças na intensidade de ruptura dos alimentos podem determinar o grau de frescor do produto. Essas diferenças correspondem a diferentes medidas de dureza, densidade e fraturabilidade do produto. A duração ou persistência do som sugere outras propriedades como crocância, maciez, coesividade.

Reologia é a ciência que estuda a relação entre a deformação do fluido devido à força aplicada. Vários instrumentos podem ser utilizados para avaliação reológica: viscosímetro, texturômetro, penetrômetro, espalhamento, mastigação.

Kramer (Figura 3.1) esquematizou a qualidade sensorial dos alimentos na forma de um círculo finito, no qual os vários atributos de qualidade foram especificamente definidos e combinados de forma contínua em três categorias principais: aparência, cinestesia e *flavor*.

Sob este esquema (Figura 3.1), a classificação principal ficou limitada aos cinco sentidos: visão (aparência), tato e audição (ci-

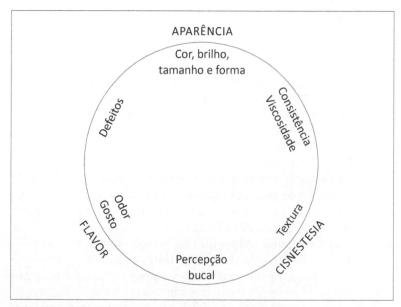

FIGURA 3.1: *Apresentação esquemática da qualidade sensorial dos alimentos em forma de um círculo, segundo Kramer.*

nestesia), gustação (gosto) e olfação (odor, aroma). Estes termos são mostrados do lado externo do perímetro do círculo.

Dentro do perímetro e diretamente sob a aparência ficaram os fatores de qualidade de cor, brilho, tamanho e forma. Próximo à forma e, tendo uma ligação com ela, vieram a consistência e a viscosidade que aparecem não somente sob a aparência, mas na linha intermediária entre aparência e sentido cinestesia. Cinestesia é a sensação na raiz dos dentes, respondendo às características de textura.

Ainda sob a categoria geral de cinestesia, mas também relacionado à categoria *flavor* está o atributo chamado percepção bucal por estar diretamente ligado à primeira impressão ao se colocar o alimento na boca, podendo por isso ser aceito ou rejeitado e também considerado sob a categoria de *flavor* por conferir ao alimento características de prazer ou não.

A percepção sensorial depende da deformação resultante da aplicação de pressão e é avaliada pelo tato.

Textura se diferencia de consistência e viscosidade em relação à intensidade de força necessária para iniciar o movimento do fluido (Quadro 3.1). Se a aceleração requerida para provocar uma deformação for maior que uma vez a aceleração da gravidade, então o atributo de qualidade chama-se textura. Textura é a propriedade sensorial dos alimentos que é detectada pelos sentidos do tato, visão e audição, e que se manifesta quando o alimento sofre uma deformação.

Quadro 3.1
Esquema da distribuição de forças para os atributos de consistência, viscosidade e textura

Termos sensoriais ou psicológicos	Termos reológicos (aceleração da gravidade)	
	Até 1,0	Maior que 1,0
	Newtoniano	Não newtoniano
Visão (fluidez ou espalhamento)	Viscosidade (μ)	Consistência	Textura
Percepção (boca ou dedo)			
Gustação (aroma e gosto)	Flavor		

Não só os alimentos sólidos têm textura, mas também os semissólidos e os líquidos. No caso dos líquidos, a deformação corresponde ao fluxo, ou seja, viscosidade. Quando se trata de alimentos semissólidos, fala-se em consistência. Quando não é necessária uma aceleração maior que a da gravidade para provocar a deformação, geralmente se utiliza o termo viscosidade. Quanto maior a força de coesão, maior a aceleração para provocar a deformação. Em muitos casos, pode-se aplicar outros termos, como corpo, mas não é indicada por se tratar de uma terminologia muito vaga.

Os sólidos são capazes de manter tamanho e forma definidos e resistir até determinado limite a forças que tendem a deformá-los. Os líquidos são substâncias incapazes de resistir a forças de cisalhamento, fluem instantaneamente e assumem a forma do recipiente que os contêm. A consistência e a viscosidade indicam estado de agregação intermediário.

Os fatores que afetam as propriedades de fluxo são:
- Efeitos químicos: a hidrólise enzimática provoca diminuição da viscosidade;
- Efeitos físico-químicos: a diminuição do pH provoca hidrólise e a viscosidade diminui;
- Efeitos físicos:
    - Temperatura: com o aumento da temperatura, a viscosidade diminui;
    - Teor de sólidos: maior quantidade de sólidos aumenta a viscosidade;
    - Tamanho da partícula: resulta em mudanças na área da superfície interna;
    - Umidade: água na massa de chocolate aumenta a viscosidade porque ocorre solvatação.

A resistência dos fluidos ao escoamento ou à deformação chama-se viscosidade e está relacionada com a força de coesão entre as moléculas. Quanto maior a força de coesão, maior a aceleração para provocar deformação. Os fluidos sofrem transformações irreversíveis e são classificados em newtonianos e não newtonianos.

Para os fluidos newtonianos, a tensão de cisalhamento é diretamente proporcional à taxa de escoamento ou deformação, isto é, apresenta relação linear (viscosidade constante) (Figura 3.2).

Exemplo de fluidos que apresentam comportamento newtoniano: todos os gases, leite, soluções de sacarose, suco de laranja, café, vinho, óleo e mel.

Todo o fluido cuja curva de escoamento é não linear ou não passa pela origem é um fluido não newtoniano e portanto, não apresenta

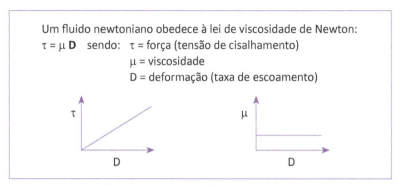

FIGURA 3.2: *Curva de escoamento para fluido newtoniano.*

viscosidade constante. Possui viscosidade aparente que depende do tempo de observação ou de forças de recuperação elástica.

Os sólidos e semissólidos suportam elevadas tensões de cisalhamento sem mudarem de forma, até certo limite, a partir da qual se deformam plástica ou elasticamente, até o ponto de ruptura.

Os fluidos não newtonianos podem ser classificados em:
- Plásticos ideais ou de Bingham: nos fluidos plásticos há necessidade de tensão de cisalhamento maior que a tensão inicial para que haja deformação. Tal comportamento é consequência da estrutura interna que impede o deslocamento. Exemplo: creme batido, chocolate fundido, purê de batata, *catchup*, mostarda (Figura 3.3).
- Pseudoplásticos: os fluidos pseudoplásticos são caracterizados por uma viscosidade aparente que decresce com o aumento da tensão de cisalhamento. Isso é atribuído à presença de substâncias de alto peso molecular em solução e/ou sólidos dispersos na fase líquida. O fluido pseudoplástico oferece menos resistência ao deslocamento. Nesses fluidos, as moléculas ou partículas estão em estado desordenado, mas quando submetidas a uma tensão de cisalhamento tendem

FIGURA 3.3: *Curva de escoamento para fluidos plásticos.*

a orientar-se na direção da força aplicada. Exemplo: suco de laranja concentrado, polpas de frutas, melaço de cana, suco de tomate, pectina (Figura 3.4).
- Dilatante: quando a viscosidade aparente aumenta com o aumento da deformação o fluido á chamado de dilatante. Com o tempo, poderá se chamar semissólido. Exemplo: amido, mel de eucalipto (Figura 3.5).

Reologia é a ciência que estuda a relação entre a deformação do fluido devido à força aplicada. Vários instrumentos podem ser utilizados para avaliação reológica: consistômetro, viscosímetro, texturômetro, penetrômetro, espalhamento, mastigação.

As propriedades sensoriais de textura são correlacionadas com várias medidas instrumentais que levam em consideração alterações provocadas por uma deformação e uma aplicada ao alimento.

Mas, não é possível esquecer que, os instrumentos são apenas medidas auxiliares que não podem substituir o homem, que é quem determina se o produto será aceito ou agradável.

Como o homem é utilizado para a avaliação sensorial de alimentos, deve-se ter em mente a necessidade de treinamento dos provadores para que os resultados obtidos sejam fiéis aos instrumentos disponíveis e que todos os provadores tenham as mesmas técnicas de avaliação.

Algumas vezes é importante mascarar a cor ou o sabor para que os atributos medidos não sejam influenciados. Nesse caso, ambientes adequados ou substâncias apropriadas podem ser usadas para esse propósito.

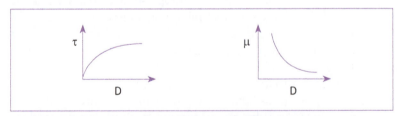

Figura 3.4: *Curva de escoamento para fluidos pseudoplásticos.*

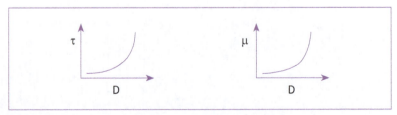

Figura 3.5: *Curva de escoamento para fluidos dilatantes.*

Os Sentidos Humanos 4

Os sentidos humanos são a fonte de informação que servem para determinar a reação ao estímulo provocado por uma determinada substância. Na extremidade de cada órgão do sentido há receptores específicos que reagem somente para estímulos adequados. Exemplo: o gosto salgado é sentido somente pela gustação; o som é sentido pela audição; a luz é sentida pela visão.

Todos os sentidos são unifuncionais, ou seja: – visão, depende das alterações da energia radiante (fotorreceptores); – tato e audição, dependem das mudanças de temperatura e pressão (mecanorreceptores, termorreceptores); – gosto e olfato, sujeitos às mudanças químicas (quimiorreceptores); e – dor, ligada às sensações desagradáveis (nocirreceptores).

Atualmente, são reconhecidos outros sentidos além dos cinco citados (gustação, olfação, tato, visão, audição) como visceral, calor, frio, dor, fome, fadiga, sede, sexo e equilíbrio.

Cada um dos órgãos dos sentidos recebe um único tipo de estímulo provocado por uma substância ou objeto do meio externo. Estímulo é definido como toda ação físico-química capaz de produzir uma reação no organismo. Nas extremidades de cada órgão dos sentidos há receptores específicos. Os receptores sensoriais realizam a transdução, isto é, a transformação da energia ambiente em energia elétrica.

Na avaliação sensorial, as etapas mostradas na Figura 4.1 são adotadas pelo homem para detecção da resposta sensorial: em (A) ocorre a percepção do estímulo no aspecto fisiológico; em (B) ocorre a elaboração da sensação; em (C) ocorre a comunicação verbal da sensação.

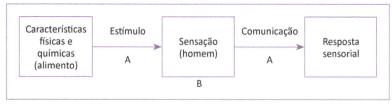

Figura 4.1: *Avaliação sensorial realizada pelo homem.*

Um estímulo influencia um receptor que induz impulsos elétricos e vão através dos nervos ao cérebro, onde o impulso é registrado. A densidade dos impulsos (número/segundo) depende da intensidade do estímulo. Uma superestimulação, algumas vezes, pode causar dor ou fadiga sensorial.

Os estímulos produzidos são identificados por receptores específicos, denominados:
- Exterorreceptores: aqueles que respondem aos estímulos externos, ou seja, originados fora do organismo;
- Propriorreceptores: aqueles encontrados nos músculos para detectar a posição do indivíduo no espaço;
- Interorreceptores: aqueles que respondem aos estímulos viscerais e às sensações de sede e fome.

Em casos em que um receptor é superestimulado, a sensação registrada é a de dor. A sensação de dor, isto é, a relação impressão sensorial cutânea e sentidos químicos, tem sido bastante estudada. Alimentos excessivamente quentes ou frios podem provocar dor. A dor em si é difícil definir. Apenas pode-se dizer que é uma sensação desagradável. Em muitos casos a dor resulta de superexcitação das sensações de calor, toque, visão, gosto ou odor. Entre os indivíduos, há uma grande variação na resposta à dor. Algumas pessoas, aparentemente, sentem prazer em certo grau de dor, como por exemplo, ao comer algo excessivamente quente (café, chá, sopa) ou apimentado. Essas sensações estimulam as fibras sensíveis à dor dentro da boca ou nariz que, para alguns, é prazerosa.

O Quadro 4.1 mostra a relação entre cada um dos sentidos, o tipo e a localização dos respectivos receptores e as sensações obtidas quando um estímulo é produzido.

A percepção do estímulo é resultante de reações sofridas pelo nosso sistema nervoso, composto por neurônios que realizam a transdução dos sinais de cada tipo de receptor, isto é, transformam a energia ambiental em energia elétrica. Os receptores de cada sentido são especializados em transduzir um tipo específico de energia ambiental, cujo processo é conhecido com transdução. Os neurônios

Quadro 4.1
Características de cada órgão dos sentidos e seus receptores

Sentido	Estímulo	Localização do receptor	Tipo do receptor	Sensação
Visão	Energia radiante 400 a 700 nm	Bastões e cones da retina	Receptores eletromagnéticos	Cor Brilho
Audição	Vibrações mecânicas	Ouvido interno	Mecanorreceptores	Som
Gosto	Compostos químicos	Bastões gustativos	Quimiorreceptores	Gosto
Olfato	Compostos químicos	Células olfativas	Quimiorreceptores	Odor
Tato	Mudança de temperatura e pressão mecânica	Pele	Termorreceptores e mecanorreceptores	Frio/calor contato pressão
Cinestesia	Pressão mecânica	Nervos terminais, tendões e juntas	Mecanorreceptores	Peso Pressão
	Lesões	Vísceras físicas/ químicas	Nocirreceptores	Dor

enviam, por sinais elétricos, o impulso nervoso até o cérebro para sua decodificação.

Os neurônios (Figura 4.2) são formados pelos dendritos, que recebem os sinais do meio ambiente; pelo corpo celular, que propaga esses sinais enviados e os transforma em sinal elétrico, gerando o impulso nervoso; e pelos axônios, que transmitem os impulsos nervosos de um neurônio para outro até chegar ao cérebro. Os neurônios são envolvidos por uma capa gordurosa, que se constitui em um isolante, chamada bainha mielinizada (células de Schwann), que permite a maior velocidade de transmissão dos sinais elétricos.

A transmissão dos sinais elétricos para o cérebro é feita através impulsos nervosos desencadeados nos neurônios (Figura 4.3). O estímulo recebido pelos dendritos é captado pelo corpo celular e depois para as terminações axônicas dos neurônios. Os neurônios excitados se comunicam com outros neurônios, músculos e glândulas. O fluxo elétrico de sinais em um neurônio é unidirecional, ou seja, o estímulo é sempre recebido pelos dendritos. A onda de propagação se sinais elétricos (polarização e despolarização) produz o impulso nervoso, resultante das alterações de cargas elétricas nas superfícies externa e interna da membrana celular.

A membrana das células nervosas é polarizada, provocada pela diferença entre as cargas elétricas da superfície externa (pela maior concentração de sódio) e interna da membrana (devido á maior concentração de potássio). O sódio (Na^+) presente fora da célula e o

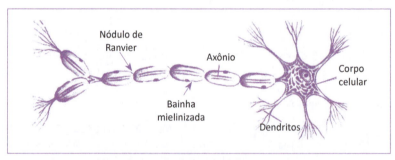

Figura 4.2: *Esquema da estrutura de um neurônio.*

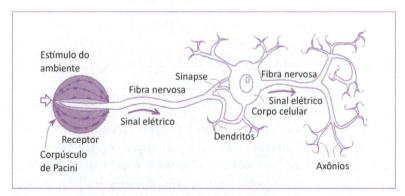

Figura 4.3: *Esquema da transmissão de sinais elétricos até o cérebro.*

potássio (K^+) presente dentro da célula são íons responsáveis por gerar o impulso nervoso. Antes do impulso nervoso, o potencial elétrico entre a parte interna e externa da célula é de -70 mV porque a permeabilidade da membrana celular é baixa. Isto é, durante o repouso, a membrana é impermeável ao sódio e permeável ao potássio. O impulso nervoso aumenta a permeabilidade da membrana causando aumento de fluxo de cargas positivas para dentro do nervo, isto é, abre os canais de sódio, gerando um potencial elétrico de +30 mV (despolarização). Após 1/2.000 segundos o sódio entrar, o potássio sai da membrana e a diferença de carga volta para -70 mV (Figura 4.4).

A informação de sinais de um neurônio para outro é realizado na sinapse, isto é, espaço muito próximo entre a extremidade de um axônio e a membrana da célula estimulada do próximo neurônio. O sinal elétrico (Figura 4.5) estimula pequenos vesículos localiza-

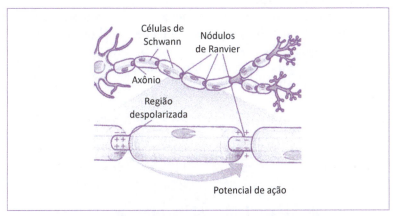

Figura 4.4: *Origem e desencadeamento de um impulso nervoso.*

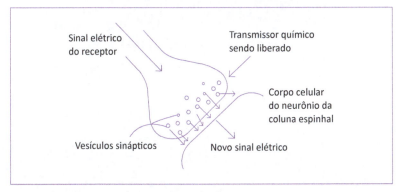

Figura 4.5: *Esquema do mecanismo da sinapse.*

dos nas extremidades das fibras nervosas (axônios) fazendo com que sejam liberados transmissores químicos, denominados neurotransmissores (acetilcolina, adrenalina, noradrenalina, dopamina, serotonina). Os neurotransmissores liberados no espaço sináptico, combinam-se com os receptores presentes nos dendritos do neurônio seguinte, produzem um estímulo que é recebido pelo corpo celular, gerando então, um novo impulso.

Os impulsos elétricos gerados pelos neurônios de todos os sentidos convergem para o tálamo, região central do cérebro, para posterior direcionamento para regiões específicas dos sentidos no cérebro. As áreas receptoras (Figura 4.6) dos sentidos no cérebro são:

- Lobo parietal: recebe informações dos receptores do tato;
- Lobo occipital: recebe as informações provenientes dos receptores da visão;
- Lobo temporal: recebe informações dos receptores da audição;
- Lobo frontal: a região inferior é responsável por registrar as informações do olfato.

A região cerebral destinada a registrar as informações provenientes do gosto ainda é desconhecida.

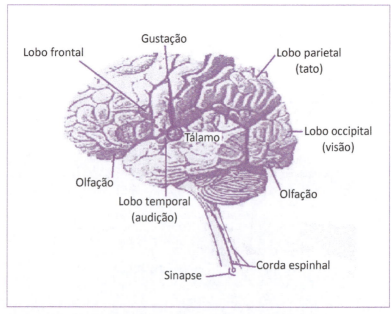

FIGURA 4.6: *Cérebro humano e as áreas receptoras dos sentidos.*

VISÃO

Todas as partes do olho (Figura 4.7) são importantes para a visão, seja para proteção, lubrificação, cor dos olhos, detecção e formação de imagens, assim como para o envio dessas informações para o encéfalo. As partes do olho que participam diretamente da visão são: íris, pupila, retina, nervo óptico, cristalino e córnea, cada uma com funções e características próprias:

- Esclerótica: conhecida como "branco do olho". É uma camada opaca que envolve externamente o globo ocular com função de proteção. A parte opaca da esclerótica chama-se esclera, onde estão inseridos os músculos que movem os globos oculares.
- Córnea: camada que cobre a pupila e a íris, possui a função de protegê-las e de refratar a luz incidente. É uma espessa membrana transparente na parte anterior do olho. Apresenta uma curvatura não esférica responsável pela conversão dos raios de luz na fóvea central.
- Coroide: membrana conjuntiva, localizada entre a esclerótica e a retina, entrecortada de vasos sanguíneos, tornando a câmara posterior escura, fator importante para uma boa visão. Quando se observa a pupila, tem-se a falsa impressão de ser ela preta por causa da coróide.
- Pupila: abertura transparente no centro da íris que permite a entrada de luz no olho para alcançar a retina.
- Íris: diafragma situado entre a córnea e o cristalino que controla a quantidade de luz que entra nos olhos. Quando exposta a muita luminosidade, dilata-se, aumentando o tamanho da

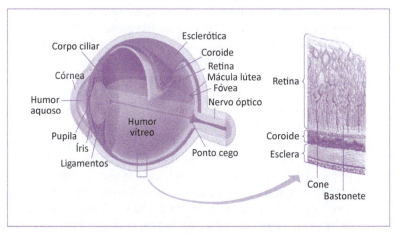

Figura 4.7: *Anatomia do globo ocular humano.*

pupila. É responsável pela cor dos olhos. Os olhos claros, azuis ou verdes, assim como os escuros, marrons ou pretos, não possuem pigmentos diferentes, mas possui melanina em maior ou menor quantidade. Quanto mais claro for o olho menor a quantidade de melanina. A melanina protege os tecidos da luz e evita que ocorra a decomposição do material genético celular.

- Humor aquoso: líquido transparente, gelatinoso que preenche o espaço entre a córnea e a íris e pela sua pressão faz com a córnea se torne protuberante. O humor aquoso é renovado constantemente e o seu excesso é escoado pelo canal de Schelemn. Quando esse canal entope, olho fica com excessiva pressão, sendo uma das causas do glaucoma, doença que danifica a fóvea central, podendo causar cegueira parcial.
- Cristalino: em forma de lente biconvexa, transparente, está localizado logo atrás da íris, responsável pela focalização da imagem na retina em todas as distâncias. A distância focal é alterada por ação do músculo ciliar. Ao se contrair, o músculo ciliar altera a curvatura da superfície do cristalino. Esse mecanismo é conhecido como acomodação visual. A acomodação permite a visão nítida para perto ou para longe. Essa acomodação diminui com a idade, até que surge a presbiopia, devido ao progressivo enrijecimento do cristalino, perdendo sua transparência normal, isto é, torna-se opaco.
- Humor vítreo: é um fluido viscoso gelatinoso, situado entre o cristalino e a retina e preenche toda a câmara posterior do olho. É responsável por manter a pressão ocular.
- Retina: lugar de focalização e processamento da imagem antes de chegar ao cérebro. Cada olho possui duas retinas superpostas, uma especializada em altos níveis de iluminação e na detecção da cor e detalhes e outra especializada em baixos níveis de iluminação. Em sua área periférica, oferece acuidade visual de apenas 1/10 ou 20/200 que é uma visão deficiente.
- Fóvea central ou mancha amarela: localizada no fundo da retina, no eixo óptico do olho, onde há o encontro focal dos raios paralelos que penetram no olho, formando a imagem com grande nitidez. Sua acuidade visual é de 10/10 ou 20/20, ou 100% ou seja, visão normal. Fora da fóvea a acuidade vai diminuindo à medida que a concentração de cones vai reduzindo.
- Ponto cego: situado ao lado da fóvea é o ponto que liga a retina ao nervo óptico, desprovido de visão, insensível à luz. Dele emergem o nervo óptico e os vasos sanguíneos da retina.

- Nervo óptico: responsável por enviar as mensagens detectadas pelo olho ao cérebro. Possui axônios que geram potenciais de ação e se comunicam com outras células através de neurotransmissores.
- Músculos externos: responsável pela movimentação do globo ocular. São chamados de Retos (inferior, posterior, inferior e superior, responsáveis pelo movimento linear do olho) e Oblíquos (inferior e superior responsáveis pelo movimento circular do olho).

A visão é estimulada pela luz. O olho coleta os raios de luz emitidos e refletidos pelo ambiente. A luz penetra no olho através da pupila, atravessa o humor aquoso, o cristalino, o humor vítreo e projeta a imagem dos objetos sobre a retina. A projeção produz certas reações químicas em algumas substâncias presentes nos receptores da retina e o estímulo, devido à energia das reações, se transforma em um sinal nervoso, o qual é transmitido pelo nervo óptico ao cérebro, onde se interpreta a imagem do objeto.

A retina tem dois tipos de células: cones e bastonetes. A área mais sensível da retina é a fóvea, formada por cones. Ponto cego é o lugar da retina onde não há cones ou bastonetes.

Os bastonetes são mais sensíveis à primeira reação e responsáveis pela percepção da forma e o tamanho dos objetos em preto e branco, mas não são sensíveis à luz. Os bastonetes ficam mais localizados nas laterais do olho, facilitando a visão em ambiente escuro. Há cerca de 120 milhões de bastonetes.

Os cones são usados para percepção dos detalhes e das cores e por isso precisam de maior estímulo para iniciar o impulso nervoso. Há três tipos de cones que detectam as luzes: vermelho, azul e verde. Há cerca de 6 milhões de cones.

O olho humano discrimina o verde, vermelho, azul, amarelo, preto, branco e o brilho. O estímulo combinado desses cones produz as diferentes combinações e intensidades de cores. Quando os três tipos são igualmente ativos, percebe-se a cor branca. A ausência de certos tipos de cones pode determinar uma doença, o Daltonismo, que é a cegueira para as cores verde e vermelha.

Ambos os receptores são sensíveis ao comprimento de onda entre 400 e 700 milimicrons (μm) ou nanômetro (nm) da faixa da luz visível do espectro eletromagnético. A substância química que reage à luz é a rodopsina, derivada da vitamina A ingerida com os alimentos e está presente nos cones e bastonetes.

Pessoas com deficiência de vitamina A têm dificuldade de enxergar na penumbra, sofrendo o que se chama de cegueira noturna ou, ainda, levar a xeroftalmia, que consiste no ressecamento e atrofia da córnea e conjuntiva, tendo como consequência a cegueira irreversível. Mamíferos com hábitos noturnos precisam de mais bastonetes.

A luz pode ser descrita como uma onda que ocorre simultaneamente nos campos elétrico e magnético e por isso chamada de radiação eletromagnética. Uma onda pode ser descrita em termos de comprimento de onda, frequência e amplitude. Ou pode ser descrita como se fosse constituída de partículas denominadas fótons (energia). A sua frequência (f) está relacionada com o comprimento de onda ($\lambda = c/f$, onde c = velocidade da luz).

A luz visível corresponde a uma pequena região do espectro entre as regiões do infravermelho e do ultravioleta, cujos comprimentos de onda variam de 400 a 700 nm (Figura 4.8). Além dessa faixa, o olho humano não tem sensibilidade e as radiações são apenas sentidas na forma de calor e percebidas como incolores.

A propriedade mais importante associada à visão é a cor dos alimentos, ainda que existam outros atributos como: aparência, forma, superfície, tamanho e brilho.

A cor é a percepção da luz em certo comprimento de onda refletida por um objeto dentro da região visível do espectro (380 a 740 nm). A percepção da cor depende da composição da luz incidente, das características físicas espectrais do objeto em relação à absorção, reflexão e transmissão, das condições sob as quais a cor está sendo vista e da sensibilidade do olho. A cor é a única propriedade sensorial que pode ser medida de forma instrumental mais eficazmente que de forma visual. A medida da cor pode ser feita usando-se um colorímetro ou através de escalas de cores.

Alguns fatores podem influir nas avaliações visuais como fadiga ocular, iluminação não uniforme, memória para a cor, cor do ambiente, julgamento dos avaliadores e a não uniformidade das avaliações.

A cor pode fazer um alimento ser aceito ou rejeitado de imediato pelo consumidor sem sequer tê-lo provado. O consumidor espera

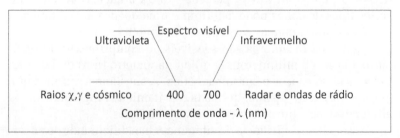

FIGURA 4.8: *Espectro eletromagnético.*

que o produto tenha a cor que o caracteriza porque ele associa o sabor do produto com a cor que ele vê e não o consome se a cor é diferente em tonalidade ou intensidade do esperado.

OLFATO

O olfato (Figura 4.9) permite perceber o odor dos objetos e do meio ambiente. As substâncias odoríferas são sentidas pelo epitélio olfativo localizado no teto da cavidade nasal. As moléculas odoríferas são sentidas por uma camada muito fina de milhões de tufos de pelos chamados cília, que recobre o epitélio, através de um mecanismo não desvendado completamente pela ciência. O epitélio olfativo humano contém cerca de 20 milhões de células sensoriais cada qual com seis pelos sensoriais (Figura 4.10).

Alguns pesquisadores acreditam que existem alguns tipos básicos de células do olfato, cada um com receptores para um determinado odor. Os milhares de diferentes odores sentidos por uma pessoa resultam da integração de impulsos gerados por aproximadamente 50 estímulos.

As células olfatórias são neurônios bipolares. Na superfície da mucosa, os neurônios se dividem em cílios expostos cobertos por

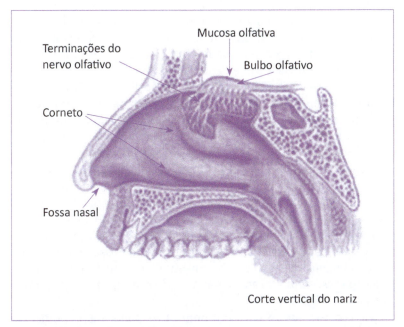

FIGURA 4.9: *Corte do aparelho olfativo humano.*

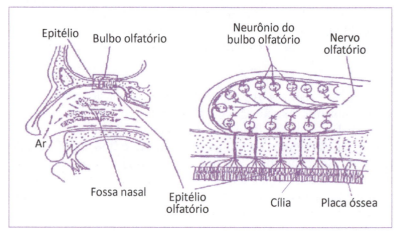

FIGURA 4.10: *Receptores olfativos.*

uma fina camada de muco. Os axônios olfatórios atravessam o bulbo olfatório acima da cavidade nasal e fazem a primeira sinapse. As fibras nervosas, após o bulbo olfatório, se dividem em dois circuitos: um que faz sinapse no tálamo e, outro que passa pela amídala e hipotálamo, o qual é suposto estar envolvido em mecanismos que regulam o apetite e o comportamento sexual. Os dois circuitos se encontram em uma área do lobo frontal localizada acima dos olhos.

Há a hipótese de que existem sete odores fundamentais: cânfora, almíscar, floral, menta, éter, penetrante (pungente, +), pútrido (−). Cada odor tem forma diferente de moléculas que se encaixam em diferentes tipos de receptores. A combinação de estímulos diferentes simultaneamente justificaria a imensa variedade de odores que se pode distinguir. As substâncias voláteis têm moléculas complexas que podem cair em diversas posições encaixando-se em diferentes tipos de receptores.

A anatomia do nariz é tal que uma pequena fração de ar inspirada alcança o epitélio olfativo via canais nasais ou por via retronasal na boca. O contato ótimo é obtido com moderada inspiração de 1 a 2 segundos. Após 2 segundos, os receptores já se adaptaram ao estímulo e são necessários um pouco mais de 5 a 20 segundos para que eles se readaptem antes que novo estímulo possa produzir uma sensação plena e forte. No ato de inspirar, 5% a 10% do ar atingem os receptores, enquanto ao cheirar, 20% do ar atingem os receptores, causando fadiga.

Acredita-se que odor de um composto depende da proporção de moléculas, da facilidade com que as moléculas passam do ar para a superfície úmida dos receptores olfativos e, de lá, para a camada lipídica abaixo. O odor é sentido pelo epitélio olfativo, que é uma área pigmentada amarela localizada acima da cavidade nasal.

Para detecção do odor devem ser considerados:
- O composto deve ser volátil;
- Deve haver contato do composto com os receptores no epitélio olfativo;
- A hidrossolubilidade é necessária para que a substância se dissolva na camada e muco que cobre as células olfatórias;
- A lipossolubilidade é necessária para auxiliar na penetração nas membranas das células receptoras.

Há dois mecanismos propostos para o código neural do olfato:
- Sensitividade regional: diz que diferentes áreas têm sensibilidade diferentes;
- Cromatográfico: essa é uma das teorias aceitas a respeito do que determina qualidade do odor de uma molécula. A vibração das moléculas de um composto odorífero causa a resposta olfativa ao colidir de maneira específica com a superfície olfativa (cília). Os compostos odoríferos migram através da mucosa olfativa de maneira análoga à cromatografia de camada delgada (Mozell, 1984) e um odor é distinguido do outro pela sua velocidade de passagem. As moléculas fluem através da mucosa. Aquelas que são fortemente atraídas pela mucosa, fluem mais devagar e estimulam os receptores da parte posterior da mucosa.

Amoore propôs que a forma da molécula odorífera determina a qualidade do odor. Essa teoria é chamada de teoria estereoquímica de odor e sugere que de acordo com o formato, geometria e estado eletrônico cada molécula se liga a regiões específicas nos receptores do olfato e isso determina a qualidade do odor. Como foi provado que moléculas de formatos similares podem apresentar odores bastante distintos, essa teoria não tem muita credibilidade junto à comunidade científica.

As moléculas odoríficas voláteis com menor peso molecular são sentidas mais rapidamente. Como é necessário que a substância volatilize, seu ponto de ebulição e sua pressão de vapor a temperatura ambiente vão influir na concentração dessa substância no ar. Quanto menor o tamanho das moléculas mais facilmente elas se difundirão no ar. As substâncias odoríferas pungentes ou pútridas têm peso molecular e tamanho pequenos. Essas características são úteis nos casos de substâncias nocivas, como por exemplo, o gás de cozinha.

Outras teorias propõem que moléculas com maior número de duplas ligações ou ciclos possuem odor mais forte. As de peso molecular maior que 300 são inodoras. Fórmulas moleculares diferentes podem ter odor semelhante. Estrutura similar pode ter odor semelhante e isômeros podem possuir odores diferentes.

Os humanos têm capacidade de distinguir 16 milhões de odores diferentes, mas caracterizados por semelhança a outros odores. Há muitos odores, mas não é possível determinar os odores básicos. Chegou-se a determinar 64 odores básicos, o que não foi suficiente para classificar todos os odores existentes. O odor característico de um alimento pode ser formado por diferentes componentes, como por exemplo: doce, ácido, velho, éter, sidra.

Outra característica importante do odor é a intensidade com que o odor é percebido e que depende do tempo de exposição ao estímulo. Dois atributos caracterizam as sensações odoríferas.

O primeiro é a persistência, ou seja, quanto tempo depois da substância ser retirada, o provador continua percebendo o odor. Por isso é necessário ventilar bem a cabinas de prova e dar tempo aos provadores, entre um teste e outro, para que a sensação olfativa desapareça, pois as fossas nasais tornam-se saturadas da substância, o que leva provador à fadiga sensorial.

O outro atributo está relacionado com a mente ou com a zona olfativa do cérebro, uma vez que as pessoas se acostumam com os odores depois de um certo tempo. Isso ocorre porque o odor produz uma impressão muito forte no cérebro que impede a sensação de outros odores. Mas depois de algum tempo, o mecanismo cerebral se restabelece, perdendo a sensação do odor ou se acostumando a ele. Por isso os testes odoríferos devem ser rápidos e não apresentar muitas amostras em uma mesma sessão.

A memória odorífera é a habilidade dos indivíduos em verbalizar as sensações sentidas em testes sensoriais, com o objetivo de descrever as características sensoriais dos produtos testados. Para testar a habilidade de provadores nos métodos descritivos, Meilgaard et al. (1987) sugerem que seja apresentado aos indivíduos uma série de produtos relacionados com a formulação do alimento teste para descreverem as sensações experimentadas. O provador deverá descrever corretamente no mínimo 80% dos estímulos presentes.

O método consiste em colocar pequenas quantidades de amostras em xícaras de porcelana codificadas, tampadas com duas folhas de alumínio, sendo a primeira com pequenas perfurações e a segunda tem a finalidade de tampar totalmente. O provador deve identificar a substância presente em cada xícara, tirando a tampa e aspirando a amostra com o nariz, sem tocar ou agitar a xícara. A pontuação para cada resposta do provador é assim atribuída: 3 pontos = correta identificação (ex.: camomila); 2 = produto muito relacionado (ex.: chá, ervas); 1 = produto ligeiramente relacionado (ex.: doce); 0 = não descreveu ou errou (ex.: pimenta). A frequência de acertos por provador é dada pela equação:

$$\text{Frequência de acerto (\%)} = \frac{\text{total de acertos do provador} \times 100}{\text{Número de produtos} \times 3}$$

Algumas percepções patológicas do olfato que interferem na habilidade de um provador:
- Anosmia: perda da capacidade olfativa;
- Hiperosmia: percepção aumentada do odor;
- Criptosmia: obstrução nas passagens nasais;
- Heterosmia: percepção de falsos odores;
- Autosmia: sensação de odor na ausência do estímulo;
- Cacosmia: percepção persistente de odores desagradáveis.

Feromonas são substâncias encontradas em animais que têm funções específicas e, quando liberadas, causam determinadas reações. Como exemplo, pode-se citar, o Bombykol (substância liberada pela fêmea da mariposa do bicho-da-seda que atrai o macho a 3 km de distância); e a abelha (libera uma sustância quando pica uma animal para atrair outras abelhas para picarem).

Alguns compostos químicos com ação irritante como, amônia, cebola, pimenta, menta, estimulam resposta do nervo trigêmeos de calor, pungente, queimado, nas mucosas da boca, nariz e olhos.

A concentração necessária para a ação desses compostos no nervo trigêmeos é muito maior que a requerida para a sensibilidade olfatória. O efeito trigeminal é significativo quando o *threshold* gustativo ou olfatório é alto (para o caso de compostos de cadeia curta ou pessoas com anosmia ou ageusia) ou quando o *threshold* trigeminal é baixo (para a capsaicina).

GUSTAÇÃO
Gosto

O gosto é sentido químico, detectado pelos botões gustativos que estão nas células da papila da língua. Uma substância para ser testada deve ser dissolvida na saliva e fazer contato com os microvilos (terminais das células gustativas) que se ligam às fibras nervosas do cérebro (Figura 4.11). A percepção do gosto se deve a um reconhecimento químico da estrutura das substâncias.

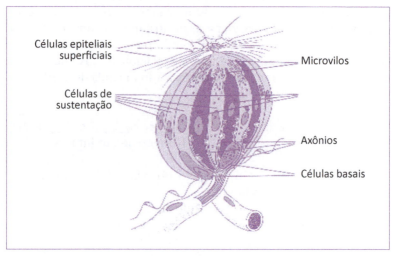

Figura 4.11: *Esquema dos botões gustativos na superfície da língua.*

Os botões gustativos são banhados por uma solução complexa, a saliva, e alimentados por outra solução complexa, o sangue. Ambas soluções são formadas por aminoácidos, ácidos orgânicos, sais, proteínas, em proporções diferentes.

A percepção do estímulo depende da concentração, temperatura, viscosidade, área de aplicação do estímulo, duração e do estado químico da saliva, além da presença de outros gostos que interferem na sensibilidade e identificação.

Os resfriados e a gripe afetam o funcionamento do sentido do gosto. As pessoas que fazem esses testes sensoriais não devem ter ficado doente nos últimos três meses e mais que duas vezes no ano. Para as provas de sabor é necessário conhecer as habilidades dos provadores para a percepção do gosto do alimento.

Para essas análises é necessário que os provadores não tenham problemas no nariz, língua ou garganta e não usem perfumes ou batom que possam interferir nos resultados.

Os humanos adultos têm de 9 a 10 mil botões gustativos. As células que compõem os botões se degeneram e são recuperadas em um período de sete dias. Conforme o indivíduo envelhece, o número de botões gustativos diminui. A atrofia da papila começa aos 45 anos porque ocorre degeneração celular com a idade.

A intensidade de doçura dos compostos doces é sentida através de reações químicas desses compostos com as substâncias presentes nos receptores dos botões gustativos.

As moléculas doces têm grupo funcional do tipo AH–B. AH é o doador e B é o receptor (Figura 4.12). Esse grupo pode estar posicionado de modo semelhante no receptor dos botões gustativos. Quando isso ocorre, a membrana receptora é despolarizada, iniciando um impulso nervoso, que resulta na sensação doce.

Tanto a posição como o número de hidroxilas (OH) na molécula de açúcar influi na capacidade do composto para permitir sensação doce. Se a distância entre dois grupos OH é muito grande, eles são incapazes de se ligar ao grupo ativo. Se estiverem muito perto, formam ligações intramoleculares. Isso faz diminuir a intensidade de doçura. O Quadro 4.2 mostra a intensidade de doçura relativa de alguns agentes adoçantes, naturais e artificiais.

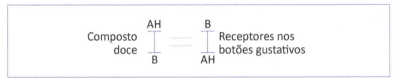

FIGURA 4.12: *Grupo funcional da molécula doce.*

Quadro 4.2
Intensidade de doçura relativa de alguns agentes adoçantes

Agentes adoçantes	Intensidade de doçura
Frutose	173
Sacarose (10%)	100
Açúcar mascavo	100
Açúcar invertido	95
Dextrose	90
Mel	75
Glicose	74
Xarope de milho (68 DE)	72
Xarope de milho (42 DE)	42
Galactose	32
Maltose	32

Continua...

Quadro 4.2 Intensidade de doçura relativa de alguns agentes adoçantes – continuação	
Agentes adoçantes	Intensidade de doçura
Maltodextrina (18 DE)	21
Lactose	16
Ciclamato	30
Sorbitol	60
Manitol	50
Estévia	100-300
Sacarina	300
Aspartame	600
Sucralose	0,60

As sensações para gosto básico são obtidas por reações iônicas ou através de informação enzimática. Os gostos básicos, salgado e ácido (Figura 4.13), usam nervo trigeminal como receptores e os sinais são efetuados por canais iônicos, cuja passagem dos íons para o microvilo se dá de acordo com suas cargas, tamanho e capacidade de atrair moléculas de água.

Como as moléculas dos gostos doce, amargo e umami, são formadas de substâncias grandes, não ocorre sua passagem para dentro

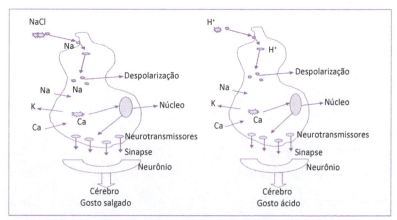

Figura 4.13: *Mecanismo de ação dos gostos salgado e ácido nos microvilos receptores.*

do microvilo (Figura 4.14). Para que a informação seja efetuada, na membrana do microvilo está presente uma enzima, a proteína G, que informa ao precursor a presença de uma substância. Esta proteína tem a função de transformar o precursor em mensageiro para alterar a permeabilidade da membrana celular do microvilo. Quando a proteína G é ativada por substâncias doces, ocorre a inibição da permeabilidade do potássio para o interior do microvilo, enquanto para as substâncias que apresentam gosto amargo, esta permeabilidade dos íons da membrana celular, sódio, potássio e cálcio, ocorre, permitindo a despolarização do interior do microvilo e um sinal elétrico é gerado. Por outro lado, o mecanismo de ação do gosto umami, ainda é desconhecido.

O reconhecimento dos gostos básicos pode ser realizado aplicando-se um questionário em que cada provador recebe oito amostras de soluções dos gostos básicos em concentrações padrões estabelecidas:
- Doce (sacarose): 0,8% a 0,4%;
- Ácido (ácido cítrico): 0,06% a 0,03%;
- Salgado (cloreto de sódio): 0,1% a 0,05%;
- Amargo (cafeína): 0,03% a 0,015%;

O teste de sensibilidade e capacidade de identificar os gostos básicos é utilizado para selecionar provadores. O provador deve assinalar o gosto sentido para cada amostra de soluções aquosas de cada gosto básico em diferentes concentrações. Os resultados serão avaliados atribuindo-se pontos para cada resposta do provador, ou seja, 1 ponto = acerto; 0 pontos = erro. Para que seja selecionado, o provador deve obter 75% de acertos.

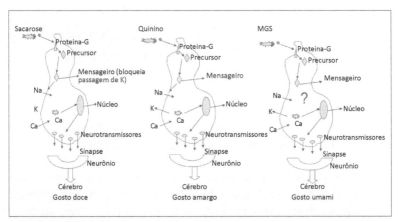

Figura 4.14: *Mecanismo de ação dos gostos doce, amargo e umami nos microvilos.*

Sensibilidade ao gosto

A concentração da substância na saliva requerida para provocar a sensação do gosto é muito maior que a concentração da substância no ar para provocar odor. Os quatro gostos básicos não são sentidos com a mesma facilidade. Os fatores que influem são:
- Tempo: tempo de reação é o intervalo de tempo entre a estimulação inicial dos receptores e o registro da reação no cérebro. O sal na língua é sentido em uma fração de segundo enquanto o amargo requer um segundo completo. O tempo de reação proposto para a identificação de cada gosto básico foi estimado em:
  - 0,307 segundos para o salgado;
  - 0,446 segundos para o doce;
  - 0,536 segundos para o ácido;
  - 1,082 segundos para o amargo.

Para cada sentido o tempo de reação foi estimado em:
  - 0,02 a 0,06 segundos para o gosto;
  - 0,013 a 0,045 segundos para a visão;
  - 0,0127 a 0,0215 segundos para a audição;
  - 0,0024 a 0,0089 segundos para o tato.
- Concentração: a mínima concentração requerida para a identificação de uma substância é chamada *threshold* (Quadro 4.3).

Quadro 4.3
Limiares humanos para *threshold* de substâncias típicos dos gostos básicos

Substância	% em água
Sacarose	0,753
Cafeína	0,0014
NaCl	0,021
Ácido cítrico	0,00116

Interação dos gostos

A combinação dos gostos básicos, em concentração *subthreshold*, pode resultar em aumento ou redução na sensibilidade de algum deles. Exemplo:
- Concentração *subthreshold* de sal, aumenta a doçura a sacarose;
- Concentração *subthreshold* de ácido, aumenta o gosto salgado;
- Concentração *subthershold* de açúcar, reduz o gosto salgado;
- Concentração *subthershold* de ácido, reduz o gosto doce;
- Açúcar reduz a acidez dos ácidos e o amargo da cafeína.

Aroma

As substâncias aromáticas se desenvolvem na mucosa da boca e da faringe. O aroma é o principal componente do sabor dos alimentos.

Como o aroma é sentido pela boca e não pelo nariz, a sensibilidade ao aroma pode ser afetada pelo fumo, drogas, alimentos picantes ou muito condimentados.

O teste de Von Skamlik é usado para a identificação de substâncias aromáticas utilizando a região retronasal. Consiste em aspirar o ar de uma atmosfera saturada de uma substância saturada do aroma teste pela boca, formada em um kitassato e expirar pelo nariz, fazendo com que o ar passe pela região retronasal, como mostra a Figura 4.15.

O modelo da ficha de avaliação do teste de Von Skamlik encontra-se no Quadro 4.4.

Os resultados são avaliados por histograma da porcentagem de acertos por amostra e por provador.

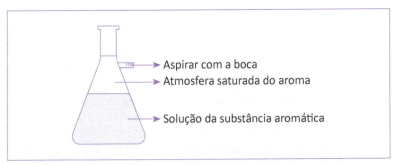

Figura 4.15: *Aparelho utilizado no teste de Von Skamlik.*

Quadro 4.4
Ficha do teste de Von Skamlik
NOME: IDADE: PRODUTO: DATA:
Você está recebendo um frasco contendo solução de uma substância aromática. Por favor, aspire pela boca através de um canudinho na saída do kitassato e expire pelo nariz. Identifique o aroma da substância.
Amostra   Aroma

TATO

Está localizado nas terminações nervosas que estão situadas logo debaixo da pele de todo o corpo. O tato está em todo o corpo exceto nas unhas, cabelo e córnea. O aparelho sensorial humano permite a captação de até seis sensações tácteis simultâneas.

O tato é usado para a determinação de características como textura dos alimentos. O tato ainda serve para perceber uma variedade de sensações tais como: temperatura do meio e dos objetos, peso e tipo de superfície.

Boca, língua e mandíbula podem contribuir na determinação da forma, aspecto e textura de um alimento, fazendo parte de uma composição chamada textura. A mastigabilidade é um dos aspectos de sensação do tato na boca, de certos alimentos.

O tato vai afetar o gosto do alimento e, portanto, sua aceitabilidade. O gosto de um alimento aguado é mais pronunciado do que de um alimento que é espesso ou viscoso. Isso porque o alimento aguado tem maior contato com as fibras nervosas, enquanto o alimento viscoso precisa ser diluído na saliva para registrar sua impressão.

PERCEPÇÃO BUCAL

Percepção é o processo pelo qual a mente humana ordena o mundo a partir das sensações. A percepção requer interpretação e por isso é uma função cognitiva e fornece os elementos necessários para processos como o da memória e do aprendizado.

Enquanto as sensações nos conectam com o mundo a percepção nos leva a estruturá-lo, organizando-o reconhecível. É o modo como o alimento é sentido na boca, podendo ser aceito ou rejeitado por isso.

A sensação na boca é sentida pelas fibras nervosas presentes na boca e que são sensíveis à dor, temperatura e pressão.

A temperatura influencia a volatilidade de compostos que provocam odor e afeta a capacidade dos botões gustativos para aumentar a sensação do gosto.

Nas temperaturas menores que 20 °C, as sensações do gosto são menos intensas e nas temperaturas maiores que 20 °C, as sensações do gosto são aumentadas.

Alimentos frios diminuem a sensação do gosto porque anestesiam as células dos botões gustativos. Os alimentos muito quentes causam destruição dos botões gustativos por queimadura.

AUDIÇÃO

O ouvido (Figura 4.16) é o órgão receptor da audição. Constitui-se, basicamente, de três regiões: ouvido externo, ouvido médio e ouvido interno.

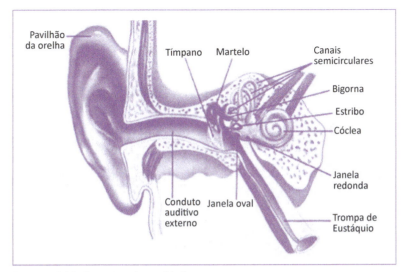

Figura 4.16: *Esquema do ouvido humano.*

O ouvido externo é dotado de pelos e glândulas secretoras de *cerúmen*, material lipídico com função protetora e lubrificante. Aí estão localizados três ossículos: martelo, bigorna e estribo cuja função é a de amplificar as vibrações.

O ouvido médio permite a manutenção do equilíbrio entre a pressão atmosférica e a pressão do ar contido no interior do ouvido médio através da tuba auditiva (trompa de Eustáquio).

O ouvido interno, também chamado de labirinto, é responsável pela manutenção do equilíbrio corporal e pela percepção das ondas sonoras (caracol e tuba auditiva).

O deslocamento do ar no ouvido médio provoca vibrações no tímpano, que vibra e transmite estas vibrações aos ossículos para criar um deslocamento hidráulico no ouvido interno, cóclea, canal espiral até chegar ao cérebro a informação através de impulsos nervosos gerados no nervo auditivo. A intensidade da vibração é medida em decibéis e determinada pela frequência das ondas sonoras.

A audição é importante na determinação das características de textura como crocância, fragilidade, etc. Ao receber as informações do produto na cabina de provas ou através da mídia (rádio e TV), um provador pode sofrer direcionamento de sua opinião.

A inflamação do ouvido interno ou labirintite causa perda de sensibilidade e de noções de equilíbrio.

5 Fatores a Serem Observados nos Testes de Análise Sensorial

Alguns fatores devem ser considerados para a realização dos testes sensoriais, como as áreas de preparação e aplicação dos testes e a equipe de provadores.

LAYOUT DO LABORATÓRIO DE ANÁLISE SENSORIAL
O laboratório de análise sensorial é composto de duas seções:
- Área de preparação de amostras;
- Área de aplicação dos testes.

O laboratório de análise sensorial deve estar instalado em local de fácil acesso aos provadores. Ele não deve estar muito distante de onde se encontram os provadores e nem, por exemplo, no terceiro andar de um edifício sem elevador. Não deve estar em locais que facilitem encontros sociais (perto de lanchonetes, por exemplo) e também perto de unidades que lançam odores para o ambiente para que estes não penetrem no laboratório.

Em um laboratório ideal, a área de aplicação dos testes deve ser separada da área de preparação das amostras e o provador não deve ter acesso à ela para não receber nenhuma informação que possa influenciar seu julgamento.

Área de preparação das amostras
Os odores formados nessa área devem ser imediatamente retirados do ambiente para que não passem para a área de teste. Por isso, além de um sistema de exaustão, recomenda-se uma leve pressão positiva no ambiente (proporcionada por ar condicionado com filtros).

O ar do laboratório pode tornar-se odorífero através de sanitização com detergentes de várias espécies, pinturas ou ceras. Então, certas precauções devem tomadas para não se introduzir odores desagradáveis que prejudiquem os provadores.

Área de aplicação de testes

Os provadores devem fazer julgamentos independentes, isto é, um provador não pode influenciar o outro. Para que isso não ocorra, a área de teste pode contar com cabines individuais, onde cada provador realiza seu teste. As dimensões das cabines sugeridas pela ASTM (1986) são: largura de 70 a 85 cm; profundidade de 45 a 60 cm; altura de 75 a 90 cm. Cada cabine deve dar acesso à área de preparação de amostras somente através do aplicador de testes. Esse acesso é feito por meio de uma portinhola de 30 cm de largura e 25 cm de altura, em que o aplicador de testes passa e retira a bandeja com as amostras (Figura 5.1). Essa porta deve permanecer fechada enquanto o provador realiza seu teste. A área de teste deve possuir uma luz ou campainha para ser acionada caso o provador deseje falar com o aplicador de testes. A área de teste pode conter também uma cuspideira, para o provador enxaguar a boca. A cuspideira deve possuir água corrente (como a de dentista). As cadeiras destinadas aos provadores devem oferecer todo conforto. Se houver sistema informatizado para as respostas dos provadores, as cabines deverão ter 81,2 cm de largura mínima.

Mas nem sempre é possível ter uma área de teste com todos esses recursos. Então, pode-se optar por outras soluções, tendo-se sempre em mente os seguintes aspectos:

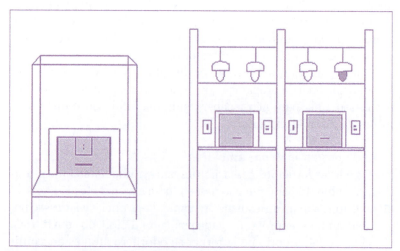

Figura 5.1: *Cabines individuais para testes sensoriais.*

- Os provadores não devem se comunicar;
- Os provadores devem julgar as amostras em um ambiente calmo, sem distrações e confortavelmente.

Uma solução é colocar uma mesa redonda, dividida por uma folha de *eucatex* ou papelão removíveis, em quatro seções, como o indicado no desenho da Figura 5.2. A mesa deve estar posta em um canto calmo do laboratório para manter a concentração dos provadores.

Esta é uma solução barata. Porém, apresenta algumas desvantagens:
- O provador pode se distrair com o ambiente do laboratório;
- As amostras são servidas e retiradas pelas costas do provador;
- O controle da luz sobre a amostra é difícil.

Mas quando a interação entre os provadores for desejada para entrar em um consenso, como no caso de testes descritivos, a mesa redonda é uma solução apropriada.

Na área de teste, isto é, nas cabines, as cores utilizadas nas paredes devem ser claras e neutras de forma a não influir, por contraste, na aparência do produto. As cores mais indicadas são: branco, cinza claro ou creme.

LUZ

A luz dentro da área de teste deve ser uniforme, sem sombras, de forma a não distorcer a aparência do produto. Se a aparência do produto é um fator importante para o julgamento, nada deve influenciá-la. Para isso, não se deve usar luz fluorescente, que distorce a aparência.

A luz utilizada deve incidir diretamente sobre o produto e, portanto, a luz natural do sol não pode ser utilizada. Assim, na área de teste utiliza-se luz incandescente, localizada na parte superior

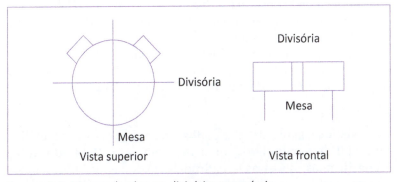

Figura 5.2: *Mesa redonda com divisórias removíveis.*

da cabina, à frente do provador, sem que a mesma incida nos seus olhos. É aconselhável utilizar um globo translúcido que provoque a refração dos raios.

Quando a cor do produto deve ser mascarada para eliminar diferença entre as amostras, pode-se utilizar uma luz monocromática (por exemplo, vermelho) com a cabina às escuras. Na mesa redonda isto já não é possível.

Em termos gerais, a luz deve ser mais um estímulo neutro ou complementar do que um elemento de distração.

SOM

Como o som é uma característica mensurável, devem-se tomar precauções para controlar o fator distração quando ele for indesejável. Pode tanto se tornar estimulante como deprimente. A música pode ser usada como uma influência tranquilizadora. As variações no ritmo podem diminuir o período de adaptação.

O laboratório deve estar protegido de barulhos externos como: máquinas, vibrações, telefone, área de lavagem de material, trânsito de pessoas ou automóveis, através da construção de paredes e teto acústicos. A torneira pingando pode provocar irritação no provador.

O balcão do laboratório para o preparo das amostras deve ser revestido com um material flexível para evitar ruídos (borracha).

As entradas e saídas de pessoas do laboratório durante o teste são proibidas.

PESSOAL

O laboratório deve ser supervisionado por alguém treinado, capaz de trabalhar com outras pessoas e, que seja agradável, incisivo e progressivo.

Muito cuidado deve-se ter na seleção do pessoal do laboratório porque o sucesso de toda a operação é dependente de dois grupos de indivíduos: o que responde e o que conduz o teste.

Tem-se notado que as mulheres são melhores para trabalhos de repetitividade e habilidade. A administração do laboratório pode ser tanto de responsabilidade masculina como feminina.

REGISTROS

O sistema de registro dos dados em um laboratório de análise sensorial deve ser claro, conciso e completo. Deve-se rotular e codificar as amostras e padrões com todas as informações necessárias.

É ideal fazer avaliação semanal, mensal ou a cada quatro meses da equipe de provadores. Deve-se estabelecer a vida de prateleira dos produtos em estudo, com espaço razoável para estocagem.

PREPARAÇÃO DAS AMOSTRAS

Antes de se iniciar um teste de Análise sensorial, deve-se determinar exatamente a metodologia de preparação das amostras. Os vários fatores devem ser predeterminados e mantidos constantes durante o tempo todo, como:
- Tempo e temperatura de cozimento;
- Tempo e velocidade de agitação do produto;
- Quantidade de água a ser adicionada na amostra ou quantidade de água em que serão fervidas as amostras;
- Quantidade de cada ingrediente adicionado à amostra;
- Quantidade de amostra que será servida (peso, volume).

O tempo e a temperatura de cozimento, como por exemplo, ao testar dois tipos de salsichas diferentes, os recipientes em que elas serão cozidas devem ser iguais. A relação, peso de água no cozimento e peso de salsicha, deve ser a mesma; a chama do fogão deve produzir igual calor; o tempo e temperatura devem ser iguais.

A velocidade e o tempo de agitação do produto em uma batedeira ou liquidificador, como na preparação de um bolo ou pudim, precisam ser mantidos constantes para todas as amostras.

O método de preparação não deve adicionar qualquer cor, gosto ou odor estranhos ao produto e, por isso, deve-se tomar cuidado com os utensílios usados.

Ainda que a quantidade de amostra que vai ser servida durante o teste seja pequena, deve-se preparar uma quantidade representativa de amostra do lote a ser testado. Caso a quantidade a ser testada esteja subdividida em várias unidades, então, essas unidades devem ser misturadas e daí se retirar a quantidade de amostra a ser preparada ou, se for o caso, preparar todas elas e servir o necessário.

Muitas vezes, a cor de duas amostras é diferente. Porém, na comparação sensorial não se deseja considerar o efeito da cor e, por isso, essa diferença precisa ser eliminada durante os testes. Para isso, são usadas luzes coloridas na cabina de prova (luz vermelha), pratos ou xícaras de fundo colorido. No caso do café, utiliza-se xícara de fundo preta. Pode-se utilizar também a adição de corantes, desde que eles não introduzam gosto e odor estranhos ao produto.

As amostras devem ser armazenadas em lugares adequados, evitando espaços úmidos ou não ventilados que podem interferir na qualidade ou transferir odores estranhos às amostras.

Cada amostra deverá ser permutada em diferentes posições para que erros de escolha possam ocorrer. O número de amostras por sessão é função da fadiga sensorial e mental do provador. Assim, geralmente de 8 a 10 amostras de produtos servidas e, de 1 a 2 amostras se o produto analisado apresentar sabor forte e/ou condimentado. Para avaliação visual, de 20 a 30 amostras podem ser utilizadas sem que haja prejuízo no resultado.

As amostras apresentadas receberão códigos de três dígitos, de forma aleatória, para evitar possíveis erros psicológicos por parte dos provadores e influenciar a resposta do provador. Os códigos das amostras são encontrados na Tabela 10.1 de números aleatórios.

DILUIÇÃO E CARREGADORES

A maioria dos produtos deve ser servida na forma em que é consumido. Alguns produtos como cobertura para bolo, maionese, mostarda, *catchup*, molhos, margarina, manteiga, *chantilly* são impróprios para serem testados sozinhos.

Para testá-los utilizam-se carregadores ou realiza-se a diluição dos mesmos em outros alimentos. Por exemplo: uma mostarda poderá ser diluída em um molho e, então, ser avaliada; ou uma maionese poderá ser testada utilizando-se uma bolacha tipo água e sal ou uma torrada como carregador.

Os carregadores devem preencher alguns requisitos básicos como:

- Ser do hábito alimentar da população que vai avaliar o produto, isto é, consumir usualmente o produto com o carregador. Por exemplo, maionese com biscoito água e sal, cobertura para bolo com bolo, etc.;
- O carregador não deve ser fonte de erro experimental na avaliação do produto. Por isso, ele não deve apresentar gosto ou odor forte que possam mascarar o produto;
- O carregador deve ser sempre servido obedecendo-se à mesma proporção carregador/produto, a qual deve ser previamente definida;
- O carregador deve ser de boa qualidade e mantida assim durante todo o teste.

TEMPERATURA DE AVALIAÇÃO DOS PRODUTOS

Para os testes de aceitação e preferência os produtos devem ser servidos na temperatura em que são usualmente consumidos.

No entanto, em alguns casos, os provadores são mais aptos para discriminar certos atributos nas amostras a temperaturas levemente menores ou maiores que o normal. Por exemplo: os óleos são usualmente avaliados a 44 °C.

De um modo geral, os produtos que são consumidos quentes são servidos entre 60 °C e 66 °C (sopas). Produtos que são usualmente consumidos frios, como refrigerantes, devem ser servidos entre 7 °C e 10 °C. Finalmente, sorvetes devem ser servidos entre 10 °C e 12 °C que é a temperatura na qual eles se tornam cremosos (Quadro 5.1).

**Quadro 5.1
Temperatura (°C) ideal para servir alguns alimentos**

Alimento	Aroma	Sabor
Cerveja	4	5
Pão	22	22
Manteiga	22	22
Bebidas carbonatadas	7 - 10	7 - 10
Café	7	68
Licores destilados	22	22
Óleos comestíveis	43	43
Alimento quente	45	45
Sorvete	10 - 12	10 - 12
Maionese	22	22
Leite	7	7
Sopa	71	68
Chá	71	68
Água	22	22
Vinho	22 ou gelado	22 ou gelado

Fonte: Caul, J.F. Advances in Food Research 7, p.27 (1957).

Sendo determinada a temperatura na qual serão servidas as amostras, é necessário manter essa temperatura constante durante todo o teste. Para isso, podem-se usar aquecedores elétricos, no caso das amostras quentes (Figura 5.3).

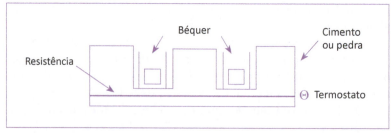

FIGURA 5.3: *Aquecedor elétrico.*

Outros laboratórios usam placas de isopor na qual se pode recortar o lugar para se colocar o béquer. Esse recurso é usado para alimentos que serão consumidos frios.

Deve-se tomar cuidado para que a amostra não sofra um longo tempo de espera (máximo de 30 minutos) para ser servida porque pode provocar alterações como, gelatinização das sopas formando uma crosta superior ou amolecimento do macarrão.

UTENSÍLIOS

Os utensílios nos quais serão servidas e preparadas as amostras não devem introduzir nenhum odor ou gosto estranho às mesmas. Devem ser idênticos para um mesmo teste, uma vez que os provadores são influenciados por pequenas diferenças.

No caso de se testar odores em amostras líquidas como vinho, álcool, as amostras devem ser servidas em copos de conhaque tampados com vidro de relógio, e o provador deve envolver o fundo do copo com a palma de sua mão e com o copo ainda tampado provocar uma leve agitação. A seguir destampá-lo e cheirá-lo.

A temperatura da mão e a leve agitação facilitarão a libertação das substâncias responsáveis pelo odor (Figura 5.4).

FIGURA 5.4: *Utensílio para o teste de odores.*

Os vasilhames devem ser feitos de materiais que protejam o produto adequadamente durante um período temporário de estocagem e não serem foco de contaminação microbiológica. Para líquidos, o aço inoxidável, vidros e alguns plásticos são satisfatórios. Se o produto é sólido, alumínio, folhados, aço inoxidável e alguns papéis são aceitáveis.

Possivelmente o vidro é o material mais aceito universalmente para líquidos, embora o aço inoxidável e, em alguns casos, o alumínio sejam amplamente usados.

Se o produto requer aquecimento, os materiais inertes são os mais indicados. Para temperaturas menores que a ambiente, vidro temperado ou metais inertes podem ser usados.

SELEÇÃO E TREINAMENTO DE PROVADORES
Seleção de provadores

Uma equipe de provadores deve ser cuidadosamente selecionada e treinada para corresponder às exigências dos testes sensoriais, obtendo-se assim, resultados que exprimam o comportamento real do mercado consumidor.

As pessoas recrutadas serão selecionadas como provadores quando satisfizerem os requisitos previamente relacionados em um questionário. Serão julgados os seguintes aspectos: idade, saúde, habilidade, acuidade, disponibilidade, interesse.

- Habilidade: um provador incapaz de detectar uma propriedade ou diferenciar amostras não é adequado para participar da equipe. Em primeiro lugar é necessário detectar se sofre de alguma enfermidade ou deficiências que afetem os sentidos sensoriais. Exemplo: daltonismo em testes de cor; anosmia em testes de sabor.
- Disponibilidade: deve-se determinar o número de provadores que se pode contar para a realização do teste e estabelecer horário.
- Interesse: é importante motivar os provadores e determinar aqueles que se mostram com boa disposição para o êxito da análise. Pode-se oferecer prêmios como doce, chocolate ou até mesmo dinheiro ou benefícios.
- Desempenho: determinar os provadores que super ou sub avaliam as amostras e então corrigi-los. Os provadores podem perder sua capacidade de detecção de alguma propriedade e isso pose ser corrigido alternando-se períodos de descanso e de provas intensas dando-lhes novas amostras que exibam a propriedade a ser medida.

Os resultados serão expressos graficamente e os provadores classificados passarão por um conjunto de testes de treinamento de acordo com o tipo de amostra e/ou teste sensorial.

Em primeiro lugar é necessário determinar o número de provadores que farão parte da equipe. Há quatro tipos de provadores: esperto, treinado, semitreinado ou de laboratório e consumidor:

- Provador esperto: é uma pessoa que tem grande experiência em provar um determinado tipo de alimento por ter grande sensibilidade para perceber as diferenças entre as amostras, para distinguir e avaliar as características daquele alimento. Sua habilidade, experiência e critério são suficientes, como resposta única do atributo analisado. Esse provador é empregado para produtos caros, pois seu treinamento é muito longo, constante e custoso. Geralmente seu salário é muito elevado.
- Provador treinado: é uma pessoa que pode ter bastante habilidade para a detecção de alguma propriedade sensorial, isto é, sabor ou textura, tendo recebido conhecimentos teóricos e práticos sobre Análise sensorial. Esse provador faz parte de uma equipe de 7 a 15 elementos, constantemente treinados. Número maior de provadores nessa equipe proporciona um excessivo número de dados, difícil de analisar. Essa equipe é usada para testes descritivos ou para provas discriminativas complexas como comparação múltipla.
- Provador semitreinado ou de laboratório: são pessoas que recebem treinamento teórico similar aos treinados, realizam testes com frequência e possuem habilidade suficiente, mas geralmente só participam de testes discriminativos os quais não requerem uma definição muito precisa dos termos e escalas. Não se deve utilizar provadores treinados ou semitreinados para provas de aceitação, porque eles vão diferenciar as amostras e não vão medir propriedades ou usar escalas. Essa equipe deve ser composta de no mínimo dez e no máximo 25 provadores com três ou quatro repetições por provador para cada amostra.
- Consumidor: são pessoas que não trabalham com alimentos, não são empregados da fábrica e não efetuam provas sensoriais periódicas. São escolhidas ao acaso como em escolas ou supermercados ou na rua. Devem ser usados somente para testes afetivos. São consumidores habituais do produto ou provadores potenciais. Pode-se escolher a faixa etária adequada para o consumo do produto. A equipe deve ser composta de 30 a 40 pessoas.

Treinamento

É necessário o treinamento de provadores para que fatores como adaptação, erros psicológicos ou condições físicas alterem a sensibilidade do provador causando erro de resposta.

O treinamento de provadores deve ser realizado seguindo os passos abaixo descritos:

- Provador: serão selecionados de acordo com os seguintes parâmetros:
    - Reconhecer todos os gostos básicos;
    - Ter boa saúde bucal e nasal e não usar aparelhos dentários;
    - Apresentar consistência em seus resultados;
    - Ter boa memória sensorial;
    - Não ser intolerante ou possuir aversão ao produto testado;
    - Ter disponibilidade para a realização dos testes;
    - Ter idade biológica adequada para os testes.
- Treinador: deve reunir as seguintes características:
    - Estabelecer ambiente agradável para o trabalho;
    - Nível adequado de comunicação;
    - Personalidade que não iniba o provador;
    - Autoridade sobre os provadores (nem tímida nem autoritária).
- Elaboração do programa:
    - Explicar em que consiste a avaliação sensorial;
    - Explicar a importância da análise sensorial para o controle de qualidade;
    - Explicar o uso das escalas;
    - Explicar textura.
- Prática: o provador deve degustar os alimentos aplicando métodos e escalas com controle de seu desempenho. Em geral, são selecionados provadores que apresentam maior sensibilidade em detectar significativas diferenças e maior reprodutibilidade. Outra metodologia é selecionar provadores que conseguem reconhecer o gosto das dez soluções seguintes: 1– solução de NaCl 0,08%; 2– ácido cítrico 0,02%; 3– cafeína 0,02%; 4– sacarose 0,4%; 5– água potável; 6– ácido cítrico 0,03%; 7– NaCl 0,15%; 8– ácido cítrico 0,04%; 9– cafeína 0,03%; 10– sacarose 0,08%. Outros pesquisadores selecionam seus provadores testando o próprio produto de análise em um atributo predeterminado.
- Comprovação: determinar a habilidade do provador através de testes estatísticos e observação do próprio treinador.

Fatores Que Influenciam as Medidas Sensoriais

Existem padrões de procedimento para se conduzir uma equipe de provadores durante um teste de avaliação sensorial, objetivando-se minimizar ou controlar os efeitos de erros psicológicos, fatores de personalidade ou atitude, motivação, adaptação dos provadores além das condições físicas que podem afetar o julgamento humano.

A necessidade de cuidados especiais no procedimento do preparador pode ser facilmente entendida pela descrição de alguns fatores que influenciam o julgamento humano e ilustram formas de minimizá-los ou eliminá-los.

ERRO DE EXPECTATIVA

Qualquer informação que o provador recebe a cerca do teste irá influenciar os resultados. Essa impressão preconcebida é chamada de erro de expectativa. Provadores geralmente encontram o que eles esperam encontrar. Assim, as pessoas que estão diretamente envolvidas com o experimento não devem ser incluídas na equipe de provadores. As amostras devem ser codificadas para que os provadores não possam identificá-las. Os códigos, porém, não devem introduzir qualquer sugestão. Uma vez que as pessoas geralmente associam o número 1 (um) ou a letra A ao "melhor", é recomendado, para os códigos, algarismos de três dígitos escolhidos ao caso.

ERRO DE ESTÍMULO

O julgamento do provador pode ser influenciado por características irrelevantes da amostra. Por exemplo: se solicitado a identificar a diferença com a relação à doçura entre duas amostras de pêssego em calda, o provador poderá ser induzido a julgar que a amostra de melhor aparência será também a mais doce. Assim, a amostra de melhor aparência poderá estimulá-lo a um erro, uma vez que a doçura não necessariamente está associada aparência. Por isso, para se evitar o erro de estímulo as amostras devem ser o mais uniforme possível. Deve-se mascarar as diferenças por meio de luz e utensílios.

ERRO DE LÓGICA

Um erro lógico está intimamente associado ao de estímulo. Um erro lógico leva o provador a associar uma característica particular da amostra a outra característica que ele sabe ser associada à primeira. Exemplo: a cor escura em batatas *"chips"* pode indicar gosto de queimado, assim, o provador que é ciente desse fato, ao perceber a referida cor na batata, logicamente esperará encontrar o sabor de queimado. Esse erro também é controlado por meio de luzes coloridas nas cabinas.

ERRO DE SUGESTÃO

A resposta de um provador pode ser influenciada pela reação de outro provador. Por causa dessa influência, os provadores são separados em cabinas individuais. Conversas e discussões não podem ser absolutamente permitidas durante o teste para que a sugestão de um provador não influencie o outro. A área de teste deve ser livre de qualquer distração e separada da área de preparação.

ERRO DE MOTIVAÇÃO

A motivação do provador afetará a sua percepção sensorial. O interesse dos provadores pode ser desenvolvido e mantido por vários meios:
- Pagamento – prêmios como bolachas, balas, sucos após o julgamento podem ser introduzidos. Para as equipes especializadas pode-se pagar em dinheiro.
- Dar conhecimento dos resultados – isso quando não houver inconveniência. Assim, a pessoa poderá apresentar quais são os erros, como corrigi-los e observando a sua *performance* com relação à equipe no sentido de competição, poderá aumentar sua motivação levando-a a uma maior dedicação nos julgamentos.
- Interesse – os membros de uma equipe devem estar interessados em conhecer e desenvolver suas habilidades de degustar e sentir odores.

ERRO DE CONTRASTE

A apresentação de uma amostra de boa qualidade, seguida pela apresentação de outra qualidade inferior, faz com que o provador julgue a segunda amostra de uma forma mais rigorosa, qualificando-a abaixo do que normalmente o faria. Esse fenômeno é chamado de efeito de contraste. Na medida em que a apresentação da amostra é escolhida ao caso, esse efeito é minimizado.

ERRO DE INDULGÊNCIA

Há pessoas que avaliam as amostras em graus mais altos ou mais baixos em função, por exemplo, de sua predileção pelo produto em análise ou pelo pesquisador em questão. Os erros positivos são mais comuns do que os negativos.

ERRO DE PRIMEIRA ESPÉCIE

É o provador ansioso, distraído, que detecta o estímulo que não existe. Vê tudo de relance, registrando tudo de uma vez e às vezes inclui mais detalhes do que vê.

ERRO DE SEGUNDA ESPÉCIE

É o provador cauteloso, que não detecta o estímulo presente. Informa somente o que lentamente assimilou.

ERRO DE POSIÇÃO

Em alguns testes verifica-se que a posição em que se colocam as amostras pode ter um efeito sobre a resposta dos provadores. Quando é difícil detectar a diferença entre as amostras, os provadores tendem a escolher a amostra que está ao centro como a diferente. Isto pode ser contornado fazendo-se a *randomização* da posição das amostras.

EFEITO DE HALO

Esse efeito aparece quando se deseja avaliar mais de um atributo de uma só vez na mesma amostra. O provador cria uma impressão global da amostra e acaba julgando a propriedade mais marcante e depois classificando os outros atributos com ± 1 ponto de diferença.

Por isso, é desejável avaliar apenas um atributo de cada vez, exceto para testes de perfis sensoriais, quando se classifica mais de uma característica no mesmo teste.

ERRO DE POSIÇÃO

A posição das amostras tem efeito sobre a resposta do provador. Quando é difícil detectar a diferença entre as amostras, os provadores tendem a escolher a amostra que se encontra na posição central como a diferente. Este erro pode ser evitado pela variação da posição das amostras de forma aleatória.

Métodos para Avaliação Sensorial 7

A avaliação sensorial tem sido definida como uma disciplina científica usada para medir, analisar e interpretar as reações das características do alimento que são percebidas pela visão, olfação gustação, audição e tato.

O problema da metodologia está em escolher o tipo de teste, procedimento e tratamento estatístico mais eficiente.

Diversos métodos diferentes para avaliação têm sido desenvolvidos. O pesquisador deve estar inteiramente familiarizado com as vantagens e as desvantagens de cada método. O método mais prático e eficiente deve ser selecionado para cada situação. Nenhum método pode ser usado universalmente. O pesquisador deve definir precisamente a proposta do teste e as informações que ele deseja obter.

Há duas grandes classificações dos testes sensoriais: analíticos e afetivos. Os testes analíticos são usados para avaliação de produtos em termos de diferença ou similaridade ou para identificação ou quantificação de características sensoriais. Enquanto os dois tipos de testes analíticos, discriminativos e descritivos, empregam equipes pequenas de provadores treinados e experientes.

Os testes afetivos são usados para avaliar preferência ou aceitação de produtos. Geralmente, um grande número de respostas é exigido para cada avaliação. A equipe de provadores não é treinada, mas é selecionada para representar uma faixa da população. Os membros da equipe são selecionados de acordo com os seguintes critérios: a) uso do produto; b) tamanho da família ou idade de membros específicos da família; c) ocupação do cabeça do casal; d) nível econômico ou social; e) área geográfica.

TESTES ANALÍTICOS DISCRIMINATIVOS

Há dois tipos de testes discriminativos: de diferença e de sensibilidade. Os testes de diferença determinam se a amostra pode ser diferenciada em um nível de probabilidade estatística predeterminada ($p \leq 0,05$). Os testes de sensibilidade medem a habilidade do indivíduo de detectar características sensoriais.

Testes de diferença

São testes que têm por objetivo determinar se existe diferença significativa entre duas amostras que se sabe serem fisicamente ou quimicamente diferentes. Os resultados serão analisados por cálculos e tabelas estatísticas.

São aplicados em controle de qualidade, pesquisas, produtos em desenvolvimento para observar possíveis efeitos de ingredientes e/ou alterações de processamento. Há métodos em que o provador é solicitado a determinar se existe diferença entre as amostras, e outros, onde ele quantifica a diferença.

Os modelos de testes de diferença mais usados são: comparação pareada; triangular; duo-trio; ordenação; comparação múltipla. Testes de diferença não são usados para determinar preferência.

Teste de comparação pareada

Nesse teste duas amostras são apresentadas e o provador deve escolher, dentro do par, a amostra que tenha maior intensidade de um atributo previamente especificado. É geralmente utilizado para comparar produtos novos e velhos em controle de qualidade.

Por exemplo: para determinar se há diferença na doçura entre pêssegos enlatados em calda a 45 °B e 48 °B aplica-se o teste de comparação pareada. Caso o provador não consiga detectar nenhuma diferença, ele deve forçar a escolha, isto é, chutar uma das duas amostras. O Quadro 7.1 demonstra o modelo do questionário para este teste.

Quadro 7.1
Questionário para o teste de comparação pareada-diferença

NOME: _____ IDADE: _____ DATA: _____ PRODUTO: _____
Por favor, avalie (um atributo; por exemplo, doçura) dessas duas amostras de _____. Prove as amostras da esquerda, primeiro. Marque com um círculo a amostra mais _____

CÓDIGO   CÓDIGO

Esse teste apenas identifica se há diferença ou não, porém, não dá identificação da grandeza da diferença entre as duas amostras. Outra desvantagem é a prévia especificação do atributo a ser avaliado para o provador.

Pode ser empregado em crianças e analfabetos para comparar apenas um par de amostras ou vários pares, dentro de uma série. É importante lembrar que a apresentação de muitas amostras a um mesmo provador pode levá-lo à fadiga sensorial, devido ao cansaço dos órgãos sensoriais ou à adaptação ou à impaciência do provador.

Os pares são apresentados acompanhados da ficha do questionário que deve conter instruções claras e concisas. As duas amostras do par podem ser apresentadas simultaneamente ou em tempos sucessivos. O primeiro caso é o mais usado. Na apresentação sucessiva, o operador controla a ordem e o intervalo entre as provas. Quando as amostras são apresentadas simultaneamente esses fatores não podem ser controlados, mas apenas sugeridos pelas instruções. O intervalo entre cada prova varia de 10 a 40 segundos e, entre elas, o provador deve enxaguar a boca. Intervalos maiores são necessários quando estímulos fortes são requisitados do provador.

O método requer que na apresentação dos pares todas as possíveis combinações de amostras sejam apresentadas em igual número de vezes em cada posição, preferencialmente de modo alternado.

Tomando como exemplo o caso dos pêssegos enlatados para identificar a amostra mais doce. Supor que foram realizados 20 julgamentos e que 12 provadores assinalaram a amostra de 48 °B (Brix) como sendo a mais doce. Então, houve 12 respostas corretas. Neste teste, como é conhecido que uma das amostras deveria apresentar maior diferença, e somente a diferença entre as amostras é interessante avaliar, então apenas uma delas terá maior frequência de respostas corretas. Por isso, será um teste monocaudal, isto é, apenas uma amostra é diferente.

Os resultados são comparados a valores tabelados (Tabela 10.2), calculados estatisticamente por Roessler *et al.*, que estabelece o nível de significância da diferença (Quadro 7.2).

Quadro 7.2
Tabela do teste de comparação pareada-monocaudal

Provadores ou número de julgamentos	Mínimo de julgamentos necessários para estabelecer significância		
	Nível de significância (%)		
	5	1	0,1
20	15	16	18

Conforme o Quadro 7.2 (teste de comparação pareada e duo-trio) observa-se que para 20 provadores são necessários no mínimo, 15 provadores para estabelecer diferença significativa ao nível de 5% de significância.

Portanto, para esse exemplo, conclui-se que não existe diferença significativa entre as duas amostras de pêssego ao nível de 5% de significância, isto é, os pêssegos a 45 °B e a 48 °B são iguais em relação à doçura porque somente 12 provadores assinalaram a amostra de 48 °B como a mais doce.

Nos casos em que não se conhece *a priori* qual das amostras apresenta maior intensidade do atributo analisado, os resultados serão analisados através de teste de comparação pareada bicaudal.

O teste de comparação pareada também pode ser utilizado para analisar preferência (Quadro 7.3).

Quadro 7.3
Questionário para o teste de comparação pareada-preferência

NOME:_____ IDADE:_____DATA:_____PRODUTO:_____
Por favor, prove essas duas amostras de _____ e assinale a de sua preferência. Prove a amostra da esquerda, primeiro, enxaguando a boca entre cada prova.

CÓDIGO   CÓDIGO

Como o teste aplicado avaliou a preferência, ambas as amostras podem ser escolhidas. Trata-se, portanto, de um teste bicaudal onde tanto uma como a outra amostra pode ter maior frequência de respostas corretas.

A probabilidade de escolher a resposta correta para ambos os casos é ½ (meio).

Teste triangular

Esse método emprega três amostras codificadas, e duas são iguais e uma é diferente. Nenhuma das amostras é tomada como padrão. Todas as amostras aparecem codificadas. Ao provador é informado que há duas amostras iguais e uma diferente e ele deve identificar a amostra diferente. A escolha deve ser forçada quando o provador não conseguir identificar a amostra diferente.

Este método é utilizado para avaliar as mudanças de processamento ou ingredientes, embalagem ou condições de estocagem de um produto.

As amostras serão colocadas ao acaso para cada provador da seguinte maneira: AAB, BBA, ABB, ABA, BAB, BAA. Obtém-se seis combinações que serão repetidas conforme o número de provadores. As amostras devem ser homogêneas quanto ao peso, volume, formato e servidas em recipientes iguais.

O resultado é analisado pela contagem do número de respostas corretas. A diferença entre as amostras é determinada por meio de análise estatística em tabelas já calculadas por Roessler et al., e que estabelece o mínimo de respostas corretas para determinar diferença significativa entre os tratamentos. Para esse teste será usada a Tabela 10.3. O número de respostas corretas é então comparado com o valor da tabela do teste triangular. Se o valor obtido for maior ou igual ao tabelado, pode-se concluir que as duas amostras são diferentes ao nível se significância testado.

A probabilidade de se escolher a resposta correta no teste triangular é de 1/3 (um terço). Este teste apenas indica se ou não diferença significativa entre duas amostras.

Esse teste tem vantagem sobre o de comparação pareada porque não há necessidade de se especificar previamente a diferença entre as amostras. O próprio provador terá que descobri-la. O questionário para o teste está apresentado no Quadro 7.4.

Quadro 7.4
Questionário para o teste triangular

NOME:_____ IDADE:_____ DATA:_____ PRODUTO:_____
Destas três amostras, duas são iguais e uma é diferente. Por favor, prove as amostras na ordem indicada, da esquerda para a direita, e faça um círculo ao redor da amostra diferente.

CÓDIGO   CÓDIGO   CÓDIGO

Esse método é muito útil no controle de qualidade para se assegurar que amostras de diferentes lotes são iguais; é utilizado para determinar se a substituição de um ingrediente ou a mudança no processamento resulta em uma diferença sensorial do produto final; é usado também para selecionar e treinar provadores.

Exemplo de aplicação do teste: Uma fábrica de refrigerantes está testando dois tipos de adoçantes. A soma de resultados corretos foi de 22 em teste aplicado em 30 provadores. De acordo com a tabela do teste triangular (Tabela 10.3), para 30 provadores são necessários um mínimo de 15 respostas corretas para estabelecer diferença significativa a p ≤ 0,05; 17 respostas a p ≤ 0,01 e 19 a p ≤ 0,001. Como foram obtidas 22 respostas corretas entre os provadores, pode-se concluir que as amostras são diferentes entre si a p ≤ 0,001. Mas se o resultado dos provadores tivesse sido 13 respostas corretas, concluiríamos que não há diferença significativa entre as duas amostra a p ≤ 0,05.

Teste duo-trio

No teste duo-trio, três amostras são apresentadas ao provador, uma delas é marcada com a letra "P" (padrão) ou "R" (referência) e as outras são codificadas. Uma das amostras codificadas é idêntica a "P" e a outra é diferente. Ao provador é solicitado identificar a amostra idêntica à "P" (Quadro 7.5) e identificar se há diferença significativa entre as amostras a p ≤ 0,05.

Quadro 7.5
Questionário para o teste duo-trio

NOME: _____ IDADE: _____ DATA: _____ PRODUTO: _____
Você está recebendo uma amostra padrão "**P**" e outras duas codificadas. Das codificadas, uma é idêntica a "**P**" e a outra é diferente. Por favor, prove as amostras da esquerda para a direita e assinale, entre as amostras codificadas, aquela que é idêntica a "**P**".

CÓDIGO   CÓDIGO

O teste duo-trio tem as mesmas aplicações do teste triangular, mas é mais simples e menos eficiente porque a probabilidade do provador acertar a resposta correta é de 50%. O poder de discriminação do teste aumenta se o número de provadores for maior que 30, mas nunca deve ser inferior a 15.

Esse teste é usado no lugar do teste triangular quando a amostra a ser testada tiver um sabor forte, desagradável ou enjoativo porque menos provas são necessárias para que o provador chegue a uma conclusão, exigindo menos do provador que o teste triangular.

Ele é preferível em relação ao teste de comparação pareada porque não há necessidade de se especificar qualquer característica da amostra. O provador coloca em julgamento as características que ele pode detectar. O provador deve fazer uma escolha forçada se ele não conseguir identificar diferença entre as amostras. É apropriado para determinar mudanças, escolher provadores e selecionar amostras de um grupo.

Quando a equipe de provadores é não treinada ou a amostra padrão é desconhecida, as amostras (A e B) são apresentadas aos provadores aleatoriamente em todas as combinações possíveis, da seguinte forma:
- Se P ≡ A, então as amostras serão apresentadas nesta ordem AB e BA;
- Se P ≡ B, então as amostras serão apresentadas nesta ordem AB e BA.

Mas quando a amostra padrão é conhecida ou a equipe é bem treinada, pode-se utilizar a mesma amostra padrão para todos os provadores.

Os resultados são avaliados na Tabela 10.2 do teste de comparação pareada-diferença/duo-trio, isto é, do lado monocaudal. A probabilidade de se obter uma resposta correta é ½ (meio).

Para analisar os resultados, as respostas corretas são somadas e comparadas com o valor tabelado para um dado número de provadores. Se o número de respostas corretas for maior ou igual ao valor tabelado, conclui-se que as amostras diferem entre si ao nível se significância testado.

As desvantagens deste teste são semelhantes às do teste triangular: 1) apenas identifica se há diferença, isto é, não identifica a diferença e nem quanto elas deferem entre si; 2) cansativo para o provador uma vez que prova três amostras.

Exemplo: Um pastifício deseja alterar o fornecedor de farinha e para isso precisa verificar se haverá mudanças na qualidade de seus produtos. Ao aplicar o teste duo-trio para 40 provadores, obteve 23 respostas corretas. Na tabela do teste de comparação pareada-monocaudal, o número mínimo de respostas corretas da para estabelecer diferença significativa é 26 a $p \leq 0,05$; 28 a $p \leq 0,01$ e 31 a $p \leq 0,001$. Como 23 é menor que 26, conclui-se que não existe diferença significativa a $p \leq 0,05$ entre as amostras.

*Teste de ordenação (*ranking test*)*

É o teste em que os provadores recebem três ou mais amostras diferentes e codificadas e são solicitados a ordená-las, de forma crescente ou decrescente de intensidade, de um atributo previamente especificado. Por exemplo, ordenar quatro bebidas doces de forma decrescente de intensidade de doçura (Quadro 7.6).

O método de ordenação tem a vantagem de analisar diversas amostras ao mesmo tempo, economizando tempo e quantidade de amostra.

> **Quadro 7.6**
> **Questionário para o teste de ordenação**
>
> NOME: _____ IDADE: _____ DATA: _____ PRODUTO: _____
> Por favor, ordene essas amostras em ordem <u>crescente</u> do (atributo).
> Coloque os códigos das amostras nas linhas apropriadas. Prove as amostras
> da esquerda para a direita.
>
> ____ ____ ____ ____ ____ ____ ____ ____ ____ ____
> Menor   Maior
>   Intensidade do atributo

Ele é utilizado para identificar, dentro de um grupo de amostras, aquelas que têm a característica avaliada em maior ou menor intensidade. Na análise de seis amostras doces, A, B, C, D, E, F, o teste de ordenação as separa em três grupos, isto é, as amostras menos doces, as mais doces e as intermediárias. Entretanto, esse teste também não indica o grau da diferença.

Como as amostras são avaliadas uma em relação à outra, os resultados de dois grupos de amostras em dois testes distintos só podem ser comparados se houver uma ou mais amostras comuns aos dois grupos. Recomenda-se o uso de no mínimo 8 provadores. Entretanto, o poder discriminativo do teste aumenta muito se 16 provadores forem utilizados.

Os resultados do teste de ordenação podem ser analisados de duas formas. Usando a tabela de Kramer (Tabela 10.4), as amostras serão separadas em três grupos, ou seja as de maior, as intermediárias e as de menor intensidade do atributo estudado. Pelo método analítico da tabela de Friedman (Tabela 10.5), há maior poder discriminação das amostras no atributo analisado.

Nos dois casos é dado para cada amostra o valor correspondente à posição que a amostra foi ordenada. Assim, a amostra ordenada na primeira posição recebe a nota 1 e a amostra da posição 4, receberá a nota 4.

Exemplo: O teste de ordenação foi usado para comparar a doçura de quatro amostras de um mesmo suco de fruta adoçado com quatro agentes adoçantes diferentes, em ordem crescente de doçura. As amostras devem ser oferecidas simultaneamente aos provadores e a ordem de apresentação, casualizada. O Quadro 7.7 mostra os resultados obtidos do teste.

Os resultados podem ser avaliados através de dois modelos estatísticos, de Kramer ou de Friedman. O método de Kramer classifica

Quadro 7.7
Resultados do teste de ordenação de suco de laranja

Julgamentos	Amostras			
	A	B	C	D
1	4	2	1	3
2	4	3	1	2
3	3	1	2	4
4	3	2	1	4
5	4	1	2	3
6	4	3	1	2
7	4	2	1	3
8	4	1	2	3
Total	30	15	11	24

as amostras em três grupos, conforme o atributo estudado, ou seja, os de maior, de menor e intermediária intensidade do atributo. É um método menos acurado que o de Friedman.

No exemplo mostrado acima, para classificar as amostras em relação à intensidade de doçura, pode-se utilizar a Tabela 10.4 de Kramer (Quadro 7.8), ao nível de significância de 5%. Através do número de tratamentos (amostras) e do número de julgamentos (provador), obtêm-se os limites de pontos, máximo e mínimo, que serão comparados com o escore total atribuído pelos provadores para cada amostra. Todos os totais de cada tratamento acima ou abaixo da faixa lida na tabela, diferem significativamente ao "p" testado. As amostras, cujas somas, estiverem dentro dessa faixa serão consideradas intermediárias.

Como a ordem de classificação para testes de ordenação de diferença é crescente, as amostras do exemplo, cujas somas forem menores que o valor inferior da faixa, serão consideradas as menos doces. As amostras, cujas somas são maiores que o valor superior do intervalo da tabela, são consideradas as mais doces ao nível de significância de 5%. As amostras com total de pontos dentro do intervalo ou iguais aos limites do intervalo são consideradas de doçura

Quadro 7.8
Tabela do teste de Kramer

Número de julgamentos	Número de amostras					
	2	3	4	5	6	7 ....
2	....	....	....	....	....	....
:						
8	9-15	11-21	13-27	15-33	17-39	18-45

intermediária. Portanto, as amostras fora do intervalo diferem das amostras intermediárias ao nível de significância de 5%.

Assim, para o intervalo utilizado neste teste, com 8 provadores e 4 amostras, é 13 - 27, em ordem crescente, indicando que a amostra C = 11 é a menos doce; A = 30 é a mais doce e B = 13, D = 27 apresentam doçura intermediária, ao nível de 5%.

A análise destes mesmos resultados através do método estatístico de Friedman, para classificar as amostras utiliza a Tabela 10.5, de Newell e MacFarlane (Quadro 7.9). As amostras são colocadas em ordem decrescente de pontuação total para comparação com valor crítico de Friedman. Com o número de tratamentos testados e o número de provadores do teste obtém-se a diferença crítica entre os totais da ordenação. Assim, se a diferença de escore total entre duas amostras é maior ou igual ao valor tabelado, pode-se dizer que há diferença entre elas ao "p" testado. Se a diferença dos escores for menor que o valor tabelado de Friedman, conclui-se que as amostras são iguais ao "p" testado.

Quadro 7.9
Tabela de Newell e MacFarlane para o método de Friedman

Nº de respostas	Nº de amostras					
	3	4	5	6	7	8
3						
4						
8		14				

Pela tabela de Newell e MacFarlane a diferença crítica entre os totais de ordenação a p ≤ 0,05 é 14. Assim todas as amostras que diferem entre si por um valor maior ou igual a 14 são significativamente diferentes a p ≤ 0,05.

Comparando-se as diferenças de escores das amostras testadas tem-se os resultados:

A – C = 30 – 11 = 19 diferem entre si a p ≤ 0,05 (A ≠ C)
A – B = 30 – 15 = 15 diferem entre si a p ≤ 0,05 (A ≠ B)
A – D = 30 – 24 = 6 não diferem entre si a p ≤ 0,05 (A = D)
D – C = 24 – 11 = 13 não diferem entre si a p ≤ 0,05 (D = C)
D – B = 24 – 15 = 9 não diferem entre si a p ≤ 0,05 (D = B)
B – C = 15 – 11 = 4 não diferem entre si a p ≤ 0,05 (B = C)

Ou através da tabela entre totais de ordenação de cada amostra, comparado com valor crítico de Friedman (Quadro 7.10):

Quadro 7.10
Totais da pontuação das amostras comparadas com o valor crítico de Friedman

Amostras	Total	Amostras			
		A	B	C	D
		30	15	11	24
A	30	--	15* (30 - 15)	19* (30 - 11)	6^{ns} (30 - 24)
B	15		--	4^{ns} (15 - 11)	9^{ns} (15 - 24)
C	11			--	13^{ns} (11 - 24)

As amostras diferem entre si; ns = as amostras não diferem entre si a p ≤ 0,05.

Ou, através de uma forma simplificada, pode-se atribuir letras minúsculas iguais como índice de cada amostra e, letras minúsculas diferentes para amostras diferentes. Exemplo:

$$A_a \; D_{ab} \; B_b \; C_b$$

Assim, os resultados mostraram que a amostra A apresentou gosto mais doce, as amostras C e B foram consideradas as menos doces, diferindo das demais a p ≤ 0,05. Portanto, o modelo de Friedman analisa as amostras de forma mais acurada pois diferencia as amostras entre si.

Se o teste de ordenação for utilizado para avaliar a preferência entre amostras, os provadores devem ordená-las em ordem decrescente de preferência (da mais para a menos preferida). A pontuação de cada amostra segue o mesmo modelo de diferença, isto é, a amostra da primeira posição receberá pontuação 1, assim como a amostra da posição "n", terá pontuação "n". Lembre-se que a amostra mais proferida terá a menor soma de pontuação, enquanto a menos preferida somará mais pontos.

Teste de diferença do controle ou comparação múltipla

Nesse teste a amostra padrão (especificada com a letra "P") é apresentada ao provador junto com as várias amostras codificadas. Ao provador é pedido que compare cada amostra com o padrão com base em uma característica predeterminada e dê valores em comparação ao padrão (Quadro 7.11).

Quadro 7.11
Questionário para o teste de diferença do controle

NOME: _____ IDADE: _____ DATA: _____ PRODUTO: _____

Você está recebendo uma amostra codificada "P" e ___amostras codificadas. Por favor, prove-as da esquerda para a direita, e avalie de acordo com a tabela abaixo, o quanto cada amostra difere, em termos globais, da amostra padrão.

0	Nenhuma diferença
1	
2	
3	
4	
5	
6	
7	
8	
9	Extremamente diferente

Amostra				
Nota				

Esse teste tem como desvantagem a fadiga sensorial do provador, a utilização de grande quantidade de amostra e o provador precisa de muito tempo para tomar decisões. Portanto, esse teste é mais indicado para testes visuais onde esses erros ficam minimizados.

É um teste usado para examinar efeitos de mudança ou troca de ingredientes, tipo de embalagem, método de estocagem ou alteração de processamento.

Pode-se usar de quatro a cinco amostras de uma vez. Pequenas diferenças entre as amostras e o padrão podem ser determinadas, além de dar informações sobre a direção e magnitude da diferença. Recomenda-se utilizar uma equipe de 20 a 50 provadores.

Os resultados serão analisados através de análise de variância – ANOVA (Tabelas 10.7 e 10.8) e teste de média Dunnett (Tabela 10.11), comparando-se apenas o padrão com todas as outras amostras.

O teste de média Dunnett é dado pela equação:

$$D = d \times \sqrt{(2 \times QM_r / n)}$$

Sendo: d = valor crítico de Dunnett (Tabela 10.11) para GL_r = grau de liberdade do resíduo; t = amostras avaliadas; QM_r = quadrado médio do resíduo (ANOVA); n = número de provadores.

Todas as amostras que diferirem do controle por uma diferença maior ou igual ao valor de "D" calculado, são consideradas significativamente diferentes do padrão a $p \leq 0,05$.

Exemplo: Um teste de diferença do controle foi aplicado para 20 provadores que testaram gelatina produzida na matriz e outras duas filiais da mesma empresa. Os resultados do teste estão apresentados no Quadro 7.12.

Aplicando o método estatístico, Análise de Variância – ANOVA, (item 8.4.) pode-se construir o quadro da ANOVA (Quadro 7.13).

A tabela estatística de valores críticos de F a $p \leq 0,05$ (Tabela 10.7) mostrou que para GL_r = 39 e GL_a = 2, o valor de F_t é 3,23. Como F_c é maior ou igual ao valor de F_t, é possível concluir que há diferença entre as amostras da matriz e das duas filiais a $p \leq 0,05$.

Para determinar se há diferença entre a amostra da matriz e as duas das filiais, aplica-se o teste de média de Dunnett, o qual fornece a mínima diferença significativa (D) para que as duas amostras das filiais possam ser consideradas significativamente diferentes a $p \leq 0,05$.

As diferenças entre a média do padrão e as amostras testadas são comparadas com o valor "D" calculado. Assim, as amostras que

Quadro 7.12
Resultados do teste de diferença do controle para gelatina

Provador	Matriz	Filial 1	Filial 2
1	2	2	4
2	0	1	7
3	1	1	7
4	1	2	6
5	2	1	4
6	1	2	4
7	2	1	5
8	2	2	5
9	1	3	5
10	0	2	4
11	1	0	8
12	0	2	4
13	1	2	4
14	2	2	5
15	1	3	6
16	0	2	6
17	0	2	6
18	0	2	3
19	1	2	4
20	1	2	4

Quadro 7.13
Resultados da ANOVA

FV	GL	SQ	QM	Fc
Amostra	2	187	93,65	85,54
Provador	19	10	0,55	0,50
Resíduo	39	43	1,09	
Total	60	240		

deferirem por uma diferença maior ou igual a "D", são consideradas diferentes a p ≤ 0,05.

Neste caso, o valor calculado para "D" é 0,65. Portanto, testando as médias das amostras do exemplo acima em relação à amostra padrão tem-se:

| Matriz – Filial 1 | = | 0,95 – 1,80 | = 0,85 > 0,65
| Matriz – Filial 2 | = | 0,95 – 5,05 | = 4,10 > 0,65

Os resultados mostraram que as duas amostras das filiais diferem significativamente do produto da matriz ao nível de significância de 5%. Assim, a Filial 2 (média = 5,05) difere em maior grau que o produto da Filial 1 (média = 1,80).

Teste de diferença simples

Este método é utilizado em casos em que as alterações de ingredientes, processo, embalagem ou determinar diferença global, ou seja, para produtos que apresentam atributos que não podem ser identificados como afetados. É aplicado para determinar se a diferença realmente existe entre duas amostras que têm características fortes e difíceis de serem avaliadas pelos provadores nos testes triangular ou duo-trio, ou então, são cosméticos. São amostras que possuem compostos que causam estímulo complexo ou confundem os provadores na avaliação. A personalidade do provador pode influir no resultado, caracterizando uma desvantagem do teste. O modelo de ficha de avaliação utilizado no teste de diferença simples está mostrado no Quadro 7.14.

Quadro 7.14
Questionário para o teste de diferença simples

NOME: _____ IDADE: _____ DATA: _____ PRODUTO: _____
Você está recebendo um par de amostras codificadas. Por favor, prove as amostras da esquerda para a direita, e determine se as amostras são iguais ou diferentes.

Amostras	Amostras iguais	Amostras diferentes

O delineamento consiste em quatro possibilidades de apresentação das amostras: os pares de amostras iguais (AA, BB) e os pares de amostras diferentes (AB, BA). Para metade dos provadores são oferecidos os pares iguais, de forma alternada e para a outra metade, os pares de amostras diferentes, também alternadamente.

A análise dos resultados é realizada através do modelo estatístico de Chi-Quadrado (χ^2) dada pela equação:

$$\chi^2 = \sum_{i=1}^{n} \sum_{j=1}^{t} ((O_{i,j} - E_{i,j})^2 / E_{i,j})$$

Sendo:
$O_{i,j}$ = dados observados
$E_{i,j}$ = dados esperados = $(T_i \times t_j)/T$
T = total de respostas obtidas para cada combinação de pares de amostras

Os dados observados e esperados obtidos no teste de diferença simples, para duas amostras e "n" provadores, são colocados em tabela, mostrada no Quadro 7.15.

Quadro 7.15
Quadro de dados observados e esperados no teste de diferença simples

Respostas	Pares AA/BB	AB/BA	t_j
Iguais	$O_{1,1} - E_{1,1}$	$O_{1,2} - E_{1,2}$	t_1
Diferentes	$O_{2,1} - E_{2,1}$	$O_{2,2} - E_{2,2}$	t_2
T_i	T_1	T_2	T

O resultado calculado de Chi-Quadrado (χ^2_c) é comparado com o valor tabelado (χ^2_t). Se $\chi^2_c \geq \chi^2_t$ verifica-se que há diferença significativa entre as amostras a dado nível de significância. Ao contrário, se $\chi^2_c < \chi^2_t$ conclui-se que não diferença entre as amostras ao nível de significância de 5%.

Os valores de Chi-Quadrado tabelado são encontrados na Tabela 10.6, para grau de liberdade igual a 1 (GL = t-1), bicaudal, pois ambas as respostas podem ser consideradas corretas (Quadro 7.16).

Quadro 7.16
Valores de χ^2_t para GL = 1

GL	Nível de significância (%)	
	5	0,1
1	3,84	6,64

Exemplo: Em um estudo para investigação de diferença entre dois sucos de ameixa, orgânico (A) e tradicional (B), 60 mulheres e 60 homens foram abordados em um supermercado para responder o teste de diferença simples. Os resultados obtidos estão no Quadro 7.17.

Quadro 7.17
Resultado do teste de diferença simples para suco de ameixa

Respostas	Pares iguais	Pares diferentes	t_j
Iguais	20	10	30
Diferentes	40	50	90
T_i	60	60	120

Para avaliação dos resultados é necessário aplicar o modelo estatístico Chi-Quadrado (χ^2). Aplicando os valores obtidos nas fórmulas descritas acima, são obtidos os valores esperados dos dados:

$E_{1,1} = (60 \times 30)/120 = 15$
$E_{1,2} = (60 \times 30)/120 = 15$
$E_{2,1} = (60 \times 90)/120 = 45$
$E_{2,2} = (60 \times 90)/120 = 45$

Calculando χ^2_c:
$\chi^2_c = (20-15)^2/15 + (10-15)^2/15 + (40-45)^2/45 + (50-45)^2/45$
$\chi^2_c = 4,44$

Comparando este valor χ^2_c com o valor tabelado do $\chi^2_t = 3,84$ a p ≤ 0,05, conclui-se que há diferença significativa entre as amostras de suco de ameixa tradicional e orgânico, ao nível de significância de 5% ($\chi^2_c \geq \chi^2_t$).

Teste de similaridade

O objetivo do teste é ter alto grau de confiança de que duas amostras são iguais realmente. Nesse caso aplica-se um teste triangular (Quadro 7.18). O delineamento das amostras segue o mesmo modelo do teste triangular, ou seja, as combinações AAB, ABA, BAA, BBA, ABA, ABB, de forma alternada.

Quadro 7.18
Questionário para o teste de similaridade
NOME: _____ IDADE: _____ DATA: _____ PRODUTO: _____
Das três amostras que você está recebendo, duas são iguais e uma é diferente. Por favor, prove as amostras da esquerda para direita e faça um círculo ao redor da amostra diferente.
CÓDIGO   CÓDIGO   CÓDIGO

O teste é aplicado quando o analista precisa ter um nível de confiança preestabelecido de que não mais que uma certa % da população perceberá diferença entre os dois produtos analisados, ou seja, ele deve controlar o erro Tipo II; na substituição de um ingrediente por outro em uma formulação; em mudanças no processamento, isto é, na troca de um equipamento antigo por um mais moderno.

Os resultados serão avaliados segundo os parâmetros descritos abaixo:
- Pd = proporção dos consumidores que poderão perceber diferença entre amostras. O experimentador quer estar seguro que não mais que 20% da população conseguirá detectar diferença entre as amostras (Pd = 20%);
- β (erro Tipo II) = probabilidade de dizer que não mais que 20% dos consumidores percebe diferença entre as amostras e isso não ser verdade (β = 5%).

Exemplo: Um fabricante de iogurte deseja substituir seu fornecedor de essência de morango por um outro que oferece melhores preços, mas ele não deseja que seus consumidores percebam diferença sensorial no produto modificado. Assim, dois iogurtes de morango foram fabricados e um teste de similaridade foi aplicado. Dos 60 provadores que responderam o teste, 19 acertaram corretamente.

Quadro 7.19
Tabela do teste de similaridade (Tabela 10.14)

N	β	Pd (%)			
60		0,10	0,20	0,25	0,30
	0,01	-	-	20	22
	0,50	-	21	23	25
	0,10	-	22	24	26

De acordo com a tabela do teste de similaridade (Quadro 7.19), para 60 respostas e 5% de significância, o valor tabelado é 21. O resultado do teste mostra que o número de acertos é menor que o valor tabelado (19 < 21), e portanto, é aceita a hipótese nula (Ho), isto é, pode-se afirmar com 95% de confiança de que não mais que 20% dos consumidores perceberão a diferença entre os dois produtos testados.

Testes de diferença usando escalas

O objetivo destes testes é o de avaliar um atributo sensorial entre diversas amostras. O número máximo de amostras avaliadas não deve ser maior que 8 para não causar fadiga sensorial nos provadores.

Os provadores devem ser treinados e reconhecer o atributo que está sendo avaliado na escala usada. O treinamento promove que o provador determine a intensidade do atributo em diferentes níveis de uma escala apresentada.

Os resultados do teste são avaliados empregando análise de variância (ANOVA) (Tabela 10.7) e teste de média, como o de Tukey (Tabela 10.9) a $p \leq 0,05$.

O teste de média de Tukey (Δ) é dado pela fórmula:

$$\Delta = q \times \sqrt{(QM_r / n)}$$

Sendo: q = valor crítico de Tukey (Tabelas 10.9 e 10.10) para GL_r = grau de liberdade do resíduo; t = número de amostras avaliadas; n = número de provadores.

As escalas avaliam o quanto as amostras diferem entre si e qual amostra apresenta maior intensidade do atributo julgado. As escalas podem ser classificadas em:

Estruturada ou de categoria

É dividida em intervalos iguais e pode ser escrita na posição horizontal ou vertical.

O número de categorias (termos utilizados na escala) pode variar de 7 a 15, sendo mais indicado utilizar de 7 a 9 categorias (0 = nenhum; 1 = fraco; 2 = moderado; 3 = forte). Poucas categorias, diminui a discriminação das amostras, enquanto muitas categorias, aumenta a variabilidade.

Se nominal, todos os termos estão mostrados (de nenhum, fraco, moderado forte até muito forte). Se numérica, apenas números compõem a escala (de 0 a 8). E, se mista, termos e números descrevem a escala (sendo 0 = nenhum; 4 = moderado; 8 = muito forte). Esta escala mostra claramente a impressão do provador.

Exemplo: Você está recebendo três amostras codificadas de suco de laranja. Prove as amostras da esquerda para a direita e avalie segundo a escala abaixo, a intensidade de doçura e viscosidade.

```
0       1       2       3       4       5       6       7       8
Nenhum                          Moderado                        Extremo
```

Não estruturada ou linha

É composta por uma linha de 9 a 15 cm para cada amostra. Um rabicho, perpendicular à linha da escala delimita os limites máximo e mínimo da intensidade do atributo avaliado.

Nenhum   Muito intenso

Exemplo: Prove as amostras da esquerda para a direita a avalie segundo a escala a dureza de cada amostra.

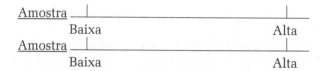

Neste tipo de escala, a intensidade do atributo é marcada em qualquer ponto da escala. Por isso é recomendada para testar correlação entre medida sensoriais e instrumentais.

A ausência de números evita erro psicológico, pois há algumas pessoas que preferem números pares ou não usam o número 7, mas é mais difícil para provadores não treinados.

Essa escala é igualmente boa à estruturada quanto ao poder discriminativo e repetibilidade.

Quanto ao tipo de avaliação
Avaliam a intensidade global ou específica de um atributo sensorial. Há dois tipos: a escala que avalia a intensidade (fraco a forte) e outra que avalia a qualidade (bom a ruim). A qualidade é considerada uma escala de difícil definição do padrão. Geralmente, os padrões são definidos em conjunto com consumidores e às vezes não refletem a preferência real do consumidor local.

Quanto ao tipo de polaridade
São escalas que julgam as amostras de forma unipolar ou bipolar. Na escala unipolar, apenas um atributo sensorial é julgado, como dureza, acidez. Enquanto na bipolar, dois ou mais atributos sensoriais formam a escala e avaliados ao mesmo tempo, como exemplo: 1 = extremamente duro; 9 = extremamente macio. Deve-se evitar o uso deste tipo de escala, pois é confuso para o provador, sendo caracterizada como duas escalas em uma só.

Quanto ao número de atributos
Pode ser simples ou composta. Nas escalas simples, um único atributo é avaliado por escala. Na composta, diversos atributos com escalas diferentes são julgados ao mesmo tempo, e no final, a soma de pontos resultará a qualificação do produto, determinado por faixas de pontos de classificação. É especialmente utilizada em concursos ou avaliação de vinhos, pães.

Nas escalas compostas, pode acontecer de amostras com perfil sensorial muito diferente receber a mesma pontuação. Neste caso, não é possível definir com clareza a intensidade de cada atributo ou o perfil sensorial de cada amostra. Por isso, estas escalas não são indicadas para otimização de processos e produtos.

Ainda, raramente as escalas compostas são geradas através consulta em consumidores.

Estas escalas avaliam frequentemente mais de um atributo ao mesmo tempo, tornando o resultado ambíguo, de difícil interpretação.

Escala hedônica
Pode ser mista, facial ou numérica. Julgam o quanto um indivíduo gosta ou desgosta de um produto. Geralmente é composta por 9 pontos: 9 = adorei; 4 = não gostei, nem desgostei; 1 = detestei). É muito utilizada para análise de preferência e aceitabilidade, para provadores não treinados.

Escala de magnitude

No método de magnitude, descrito por Stone & Oliver, os provadores devem receber uma amostra referência, com intensidade do atributo avaliado designada com um valor arbitrário, por exemplo 10, seguida por uma série de amostras codificadas em ordem casualizada, com intensidades maiores ou menores que a referência. Os provadores deverão estimar a intensidade do atributo das amostras desconhecidas e atribuir notas a elas, em relação à referência. Por exemplo, se a amostra tiver o dobro da intensidade do atributo da amostra referência, deverá receber valor 20, se for a metade, o valor 5 e, continuar assim por diante com as outras amostras codificadas. Não é permitido atribuir valor zero a qualquer amostra.

Nesse método, uma série logarítmica de concentrações é apresentada ao provador, além da amostra referência que será comparada com as amostras codificadas.

Os resultados serão avaliados através de *Power Function* (P). Passos para a avaliação dos resultados dos provadores:
- Calcular a média geométrica (MG) dos valores dados por provador para todas as concentrações;
- Normalizar os dados de cada provador, dividindo o valor dado por provador pela sua respectiva MG;
- Calcular a média geométrica por concentração das amostras para todos os provadores;
- Calcular o log das concentrações (X) e o log da MG de cada concentração (Y);
- Calcular a regressão linear (r^2) entre o log da concentração e o log das MG das concentrações (Y)
- Calcular a equação da reta (y = a + bx) através das equações:
  $b = (\Sigma XY - \Sigma X \Sigma Y/n)/(\Sigma X^2 - (\Sigma X)^2/n)$
  $a = (\Sigma Y - a\Sigma X)/n$
  n = número de concentrações avaliadas no teste
- *Power Function*: $P = (antilog\ a).S^b$

Sendo: P = intensidade do atributo avaliado
S = concentração do atributo
b = expoente da função

Exemplo: Determinar a intensidade de doçura da sacarose em relação a uma amostra referência "R" cujo valor de intensidade de doçura é 10. Às amostras codificadas atribuir nota proporcional, isto é, duas vezes "R" se for mais doce, 5 se for metade e assim por diante. Os resultados dos 5 provadores estão apresentados no Quadro 7.20.

Quadro 7.20
Resultado do teste de magnitude

Sacarose	Provadores				
%	1	2	3	4	5
0,5	5	1	1	1	2
1,0	1	4	2,5	1	2
2,0	10	10	8	5	10
4,0	20	15	20	30	20
8,0	50	30	40	70	25
32,0	60	100	80	200	400
MG	12,01	11,03	10,42	11,32	14,14

- Normalizando os resultados

Sacarose	Provadores					
%	1	2	3	4	5	MG
0,5	0,42	0,09	0,10	0,09	0,14	0,14
1,0	0,08	0,36	0,24	0,09	0,14	0,16
2,0	0,83	0,91	0,77	0,44	0,71	0,71
4,0	1,67	1,36	1,92	2,65	1,41	1,75
8,0	4,16	2,72	3,84	6,19	1,77	3,43
32,0	5,00	9,07	7,68	17,67	28,28	11,17

- Calculando log

	log (sac)	log (MG)		
	X	Y	XY	X^2
	-0,30	-0,87	0,26	0,09
	0,00	-0,81	0,00	0,00
	0,30	-0,15	-0,04	0,09
	0,60	0,24	0,15	0,36
	0,90	0,54	0,48	0,82
	1,51	1,05	1,58	2,27
Σ	3,01	0,00	2,42	3,62

- Aplicando regressão linear: $r^2 = 0{,}97$ (coeficiente de correlação de Pearson)
- Calculando a equação da reta: $y = a + bx$
  $a = -0{,}58$; $b = 1{,}15$ Então: $y = -0{,}58 + 1{,}15x$
- Como: antilog a = antilog $-0{,}58 = 0{,}24$
- Portanto: $P = 0{,}24\ S^{1,15}$

Estatística nos testes de diferença

Os testes de diferença, como triangular, comparação pareada ou duo-trio, utilizam testes estatísticos de hipótese para verificar se há diferença ou não entre duas amostras avaliadas. Há duas hipóteses que devem ser consideradas para avaliar se as amostras são iguais ou diferentes significativamente.

- Ho = hipótese inicial (A = B), ou seja, as amostras são iguais;
- Ha = hipótese alternativa (A ≠ B), ou seja, as amostras não são iguais (são diferentes).

Nos testes de hipótese, há sempre o risco de se cometer dois tipos de erro: tipo I (erro α) e tipo II (erro β). Os erros tipo I e II estão inter-relacionados e, se um aumentar, o outro diminui automaticamente.

O erro tipo I é a probabilidade de se dizer que as amostras são diferentes, quando na verdade são iguais (rejeitar Ho). Esse erro deve ser evitado pelo laboratório de desenvolvimento de novos produtos.

O erro tipo II é a probabilidade de dizer que as amostras são iguais, quando na verdade são diferentes (aceitar Ho), com o objetivo de substituir uma amostra pela outra. Nessas situações, pode-se tomar decisões para que os dois tipos de erro estejam em equilíbrio e sob controle (Quadro 7.21). É um erro que o laboratório de controle de qualidade deve evitar.

Quadro 7.21
Decisões da empresa de acordo com os erros tipo I e tipo II

Decisão	Situação real	
	Ho = V (A = B)	Ho = F (A ≠ B)
Aceitar Ho = V	Decisão correta (ganha $)	B = Erro tipo II (nome da empresa em risco)
Rejeitar Ho = F	α = Erro tipo I (perde $)	Decisão correta (não perde/não ganha)

Nestas condições, a melhor alternativa é avaliar as amostras ao nível de significância de 5%.

Na maioria das vezes, o erro tipo I é mais controlado em função das tabelas estatísticas utilizadas, enquanto o erro tipo II toma conta de si mesmo.

Testes de sensibilidade

Estes testes medem a capacidade dos provadores de identificar, perceber os estímulos produzidos pelos alimentos, utilizando os órgãos sensoriais para distinguir características específicas. Os tipos de testes de sensibilidade utilizados são: *threshold*, limite e diluição.

Threshold

Threshold é definido como a menos quantidade de um estímulo que pode ser detectada. Esse método tem como objetivo determinar a concentração mínima de uma substância em um meio ou a mudança mínima da concentração dessa substância nesse meio. É utilizado nos casos de adição de uma substância em um alimento sem lhe causar mudanças em suas características sensoriais.

Há quatro gostos fundamentais (salgado, amargo, doce e ácido) que dão sensações variáveis de prazer ou desprazer.

O prazer de saborear o chocolate aumenta com o aumento do teor de açúcar, até uma determinada concentração, quando, então, essa concentração começa a se tornar desagradável.

Há ainda, certas substâncias, como algumas vitaminas, que apresentam sabor desagradável, isto é, amargo. Quando, por motivo de enriquecimento nutricional, essas vitaminas têm que ser adicionadas em algum alimento, a concentração máxima possível é aquela na qual sua presença não possa ser percebida sensorialmente.

Se em uma solução açucarada for diminuída a quantidade de sacarose na água, chega-se a uma concentração, na qual não se pode perceber mais a presença de qualquer estímulo, ou seja, não será possível achar diferença sensorial entre a água pura e a solução de sacarose na referida concentração.

A essa concentração de sacarose onde não se consegue identificar qualquer gosto, dá-se o nome de *threshold* absoluto. Desta forma, é possível encontrar o *threshold* absoluto de qualquer substância em qualquer meio.

O *threshold* absoluto depende de muitas medidas e pode ser definido como o estímulo distinguido de um padrão (água pura) em exatamente 50% dos julgamentos realizados.

No *threshold* absoluto, o provador pode identificar a presença do estímulo mas, não a sua natureza. Enquanto no *threshold* de reconhecimento, o provador identifica o estímulo e também a natureza do estímulo. Para isso, é necessário que haja 75% de acerto dos julgamentos realizados.

O método mais utilizado para a determinação do *threshold* é o teste triangular, onde o padrão será a concentração da substância analisada abaixo da qual o provador consegue detectar. Outras cinco concentrações intermediárias serão testadas contra esse padrão (Quadro 7.22), e a concentração mais alta deve ser percebida pelo provador. As amostras serão apresentadas de forma aleatória.

Quadro 7.22
Questionário para determinação do *threshold*, usando teste triangular

NOME:_____ IDADE:_____ DATA:_____ PRODUTO:_____
Por favor, prove cada grupo de amostras independentemente, na ordem indicada. Dentro de cada grupo, duas amostras são iguais e uma é diferente. Identifique a amostra diferente.

Grupo	Amostras
1	
2	
3	

Para cada concentração apresentada calcula-se a porcentagem de respostas corretas (T). A seguir, em papel log x Probabilidade (Figura 7.1), traça-se uma reta dada pela porcentagem de acertos no eixo *"y"* versus concentração da substância no eixo "x".

Em seguida, traça-se uma reta a partir de 50% de acertos. O ponto correspondente no eixo "x" será o *threshold* absoluto (TA). O *threshold* de reconhecimento (TR) é encontrado a partir de 75% de acertos, quando a reta cruzar o eixo "x".

Determinação do *threshold* segundo método de Moskowitz

Moskowitz define o valor de *threshold* absoluto (TA') de uma substância em um determinado meio como a concentração que em média pode ser detectada realmente por 50% da população, descontando os chutes.

Uma série de amostras é preparada de modo a se obter um aumento de concentração da substância em estudo no substrato selecionado.

Recomenda-se o uso de uma série log de aumento da concentração, a qual posteriormente, quando colocada em papel log x

Probabilidade (Figura 7.1) contra a porcentagem de provadores realmente aptos a identificar os estímulos oferecidos, dá uma reta.

O valor do *threshold* absoluto é definido como a concentração que corresponde a 50% de provadores que são realmente aptos a encontrar a resposta correta, sem acertar ao acaso (elimina a possibilidade de chute). O *threshold* de reconhecimento é dado por 75% de acerto das respostas dos provadores.

A porcentagem de provadores que realmente são aptos a encontrar a resposta correta é calculada através da seguinte equação:

$$P = (T - [100 \times c])/(1 - c)$$

Sendo:
- T = % de respostas corretas
- P = % de provadores realmente aptos a encontrar a resposta correta
- c = 0,50 (probabilidade de encontrar a resposta correta para o teste duo-trio)
- c = 0,33 (probabilidade de encontrar a resposta correta para o teste triangular)

Substâncias típicas dos gostos básicos

Algumas substâncias são utilizadas para avaliação dos gostos básicos em provadores em treinamento ou avaliação (Quadro 7.23).

Quadro 7.23
Substâncias que melhor caracterizam cada gosto básico

Gosto básico	Principais substâncias	Exemplo típico
doce	Álcool, glicol, açúcar, sacarina, ciclamato, aspartame, acesulfame-k, sucralose	sacarose
salgado	Sais	NaCl
amargo	Alcaloides: cafeína, quinina, nicotina íons: Mg^{++}, Ca^{++}, NH_4^+	cafeína
ácido	Íons H^+ liberados por ácidos orgânicos e inorgânicos	ácido cítrico

Para treinamento dos gostos básicos, as concentrações limites das substâncias típicas dos gostos básicos, que determinam o *threshold* em seres humanos estão apresentadas no Quadro 7.24.

Quadro 7.24
Concentração-limite das substâncias para determinação do *threshold* dos gostos básicos

Gosto característico	Substância	Concentrações apropriadas (%)	Concentrações crescentes sugeridas (%)
Doce	Sacarose	0,753 - 2,0	1,0 - 2,0 - 4,0
Amargo	Cafeína	0,0014 - 0,07	0,035 - 0,07 - 0,14
Salgado	NaCl	0,021 - 0,20	0,1 - 0,2 - 0,4
Ácido	Ácido cítrico	0,00116 - 0,07	0,035 - 0,07 - 0,14

Exemplo: Os resultados do teste triangular para determinação de *threshold* absoluto (TA) e de reconhecimento (TR) de uma substância odorífera (maltol) estão mostrados no Quadro 7.25.

Quadro 7.25
Threshold absoluto e de reconhecimento de uma substância odorífera

Concentração de maltol (ppm)	% respostas corretas (T)	% provadores realmente aptos (P)
11	72	44
22	68	36
46	76	52
93	84	68
187	88	76
375	76	52
750	92	84
1500	96	92

Ref.: Moskowitz et al. - "Sensory Response to Food", ed. by Foster Publishing Ltda. Zurich, Switzerland. 152p, 1977.

O resultado do gráfico (log concentração X % respostas corretas) demonstrou que TA' = 45 ppm e TR' = 94 ppm para o maltol, através aplicação do método de Moskowitz.

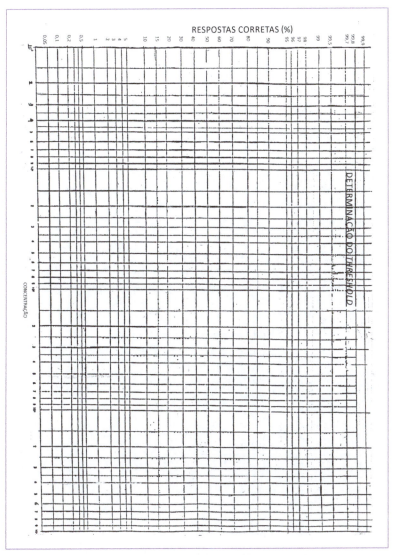

Figura 7.1: *Gráfico log da concentração X % de respostas corretas.*

Análise sequencial

Esse teste é, também, utilizado para fazer seleção de provadores através de uma análise sequencial em que o provador será testado até ser aceito ou rejeitado. É necessário definir alguns parâmetros para realizar análise sequencial, utilizando o teste triangular e mostrados no Quadro 7.26.

Quadro 7.26
Parâmetros definidos para uma análise sequencial

$P_o =$	máxima habilidade aceitável (1/3)	= 0,33
$P_1 =$	mínima habilidade aceitável (2/3)	= 0,70
$\alpha =$	probabilidade de aceitar um candidato sem acuidade	= 0,05
$\beta =$	probabilidade de rejeitar um candidato com acuidade	= 0,01

Comparando o número de respostas corretas, através de regressão linear determina-se a equação de duas retas, a_n (aceitação) e r_n (rejeição). Desse modo tem-se, as equações das duas retas, para n testes realizados:

$a_n = h_o + S \times n$ (1) $\equiv$ aceitação
$r_n = -h_1 + S \times n$ (2) $\equiv$ rejeição
n = número mínimo de testes triangulares aplicado por provador.

$$h_o = \frac{\log \dfrac{1-\alpha}{b}}{\log \dfrac{P_1(1-P_o)}{P_o(1-P_1)}} \quad (3)$$

$$h_1 = \frac{\log \dfrac{1-\beta}{a}}{\log \dfrac{P_1(1-P_o)}{P_o(1-P_1)}} \quad (4)$$

$$S = \frac{\log \dfrac{1-P_1}{1-P_o}}{\log \dfrac{P_1(1-P_o)}{P_o(1-P_1)}} \quad (5)$$

Substituindo os valores de $\alpha = 0,05$; $\beta = 0,01$; $P_0 = 0,33$; $P_1 = 0,70$ nas equações 3, 4 e 5, obtém-se $h_o = 1,62$; $h_1 = 2,08$ e $S = 0,50$. Substituídos os parâmetros calculados nas equações 1 e 2 tem-se as equações das retas que determinam a aceitação ou rejeição do provador na equipe sensorial:

$$a_n = 2{,}08 + {,}05\,n \qquad r_n = -1{,}62 + {,}05\,n$$

A partir dessas duas equações são traçadas as retas de aceitação e rejeição, em papel milimetrado, para construir o gráfico da Figura 7.2. O somatório de erros acumulados pelo provador é colocada no eixo x e o número de testes realizados, no eixo y. Quando o ponto correspondente a cada provador estiver sobre uma das retas, a_n ou r_n, o provador analisado deverá passar por um treinamento e, então, fazer parte da equipe. Provadores com somatório de acertos acima da reta de aceitação, ou seja, na área de aceitação, estão aptos a integrarem a equipe e, aqueles na região de rejeição (abaixo da reta de rejeição), serão dispensados.

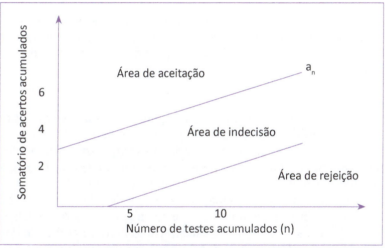

Figura 7.2: *Análise de aceitação de provadores.*

Teste de limite

Uma série de concentrações crescentes e decrescentes para cada gosto básico são apresentadas aos provadores para determinar o limiar de detecção, tendo como padrões as concentrações descritas no Quadro 7.27.

Para cada provador é pedido para determinar se detecta ou não o estímulo. As soluções são preparadas a partir de uma padrão de concentração conhecida, dispostas em série de diluição geométrica ou aritmética. O limiar de cada provador é calculado pela média geométrica da concentração mais alta não detectada e a concentração seguinte.

Quadro 7.27
Padrões para preparação das diluições

Gosto básico	Padrão	Concentração (g/L)
Ácido	Ácido tartárico	2
	Ácido cítrico	1
Amargo	Quinino	0,02
	Cafeína	0,2
Salgado	Cloreto de sódio	6
Doce	Sacarose	32

Cada provador dará 0 (zero), se não detectou estímulo e o valor 1, se conseguiu perceber o estímulo em cada amostra testada. O limiar da equipe será a média geométrica dos limiares de todos os provadores.

Teste de diluição

Essa técnica determina a menor quantidade do material-teste que pode ser detectada quando é misturada a um padrão.

Vai caracterizar os componentes da amostra que estão mascarados no composto. Só é aplicado em alimentos que podem ser homogeneizados de modo a não afetar o fator que está sendo testado. É recomendado o uso de concentrações logarítmicas de substância testada.

Vários métodos de diferença como comparação pareada, triangular e ordenação podem ser usados para medir a habilidade dos provadores em detectar na concentração de produtos alimentícios.

Para esse teste são utilizados provadores treinados que caracterizam quantitativamente os atributos sensoriais de um produto.

As respostas dos provadores são colocadas em um gráfico da concentração da amostra teste pela porcentagem de respostas corretas. O limiar de detecção é determinado como a concentração correspondente a 75% de acertos.

Teste de threshold de diferença (JND)

No método do ajustamento médio ou erro médio, o provador recebe um estímulo padrão de uma solução com concentração conhecida, outra solução muito mais concentrada que a padrão e água pura. Ele deve provar as duas soluções e a partir da mistura da segunda solução com água chegar à mesma concentração da padrão.

Cada solução preparada é analisada quimicamente para que sua concentração real seja determinada. Após várias repetições, é calculada a média final de todas as concentrações preparadas e o desvio padrão. O JND será o desvio padrão calculado.

TESTES ANALÍTICOS DESCRITIVOS

São testes empregados para identificar características sensoriais e qualificá-las. Os provadores devem ser cuidadosamente treinados para perceber diferenças entre os produtos testados e então qualificá-los.

As provas descritivas proporcionam muito mais informações do produto do que outros testes. Aqui não é importante saber se o produto será aceito ou rejeitado pelo consumidor, se há diferença entre as amostras. O que se detecta é a magnitude e a intensidade dos atributos do alimento.

Os métodos descritivos descrevem e avaliam a intensidade do atributo do produto em análise.

Assim, há vários tipos de análise descritiva em envolvem aspectos qualitativo e quantitativo. Os métodos qualitativos descrevem o produto avaliado enquanto os quantitativos determinam a intensidade de cada característica sensorial do produto em análise.

Métodos qualitativos

Uma lista de termos verbais que descrevem o produto avaliado é desenvolvida e serão estes termos que definirão o seu perfil sensorial.

As características serão julgadas pela:
- Aparência:
  - Cor (tonalidade, luminosidade, uniformidade, pureza);
  - Textura visual (brilhante, liso, grosseiro, fosco, enrugado);
  - Tamanho e forma (dimensões e geometria – fibroso, granuloso);
  - Interações entre pedaços ou partículas (aglomerado, solto).
- Aroma:
  - Sensações olfativas (vanila, frutoso, floral, herbáceo);
  - Sensações nasais (pungente, refrescante).
- Sabor:
  - Sensações olfativas (vanila, frutoso, floral, herbáceo);
  - Sensações de gosto (doce, amargo, ácido, salgado);
  - Sensações bucais (quente, frio, adstringente, metálico).
- Textura:
  - Propriedades mecânicas (reação do produto à pressão – dureza, viscosidade, fraturabilidade);

- Propriedades geométricas (relação com tamanho e orientação das partículas – fibroso, granuloso, arenoso, floculento);
- Propriedades relacionadas com a presença, liberação e absorção de gordura, umidade – suculência, oleosidade).

Métodos quantitativos

Os métodos mais conhecidos são: perfil de sabor, perfil de textura e análise quantitativa descritiva (ADQ). Os resultados são apresentados em forma gráfica para se obter uma ideia quantitativa do atributo estudado. A equipe utilizada neste teste deve ser treinada e consistente em cada atributo alvo, presente na amostra analisada.

Perfil de sabor

O perfil de sabor requer intenso treinamento, perspicácia, interesse, inteligência e personalidade do provador. A equipe é formada por quatro a seis provadores que devem possuir habilidade para identificar gostos e odores e para discriminar intensidade de sabor.

Esse teste trabalha com um vocabulário descritivo, próprio de cada produto, que deve ser discutido previamente com a equipe em uma mesa-redonda. É um método bastante utilizado por aromistas. Após consenso entre os provadores, os resultados são expressos através de gráficos.

As características percebidas pelos provadores serão avaliadas e mensuradas de acordo com:
- Impressão de forma geral: avaliação do impacto provocado;
- Fatores perceptíveis de sabor e aroma: discriminação e seleção da terminologia;
- Intensidade: utiliza-se uma escala que determina a intensidade de cada fator presente no produto:
)(= limiar
    1 = fraco
    2 = médio
    3 = forte
- Ordem de percepção de cada fator;
- Sabor remanescente (*aftertaste*);
- Amplitude: utiliza-se a mesma escala de intensidade descrita acima.

Perfil de textura

Às vezes é necessário ter-se informação completa sobre uma característica sensorial de um produto, por exemplo, textura. Assim, nesses casos utiliza-se um teste analítico como o perfil de textura.

No teste de perfil de textura de um produto alimentício, uma equipe de seis a oito pessoas treinadas nos atributos referentes à textura avaliam esses atributos utilizando-se de palavras descritivas e escalas que indicarão a intensidade com que é sentido cada um deles (Quadro 7.28).

Quadro 7.28
Questionário do teste de perfil de textura

NOME: _____ IDADE: _____ DATA: _____ PRODUTO: _____
Avalie cada uma das amostras de acordo com os atributos relativos à textura e intensidade.

a) Crocância
   Nº amostra   Pouco crocante   Muito crocante

b) Mastigabilidade
   Nº amostra   Muito ruim   Muito boa

c) Teor de umidade
   Nº amostra   Pequena   Regular   Grande

Antes ou depois de cada sessão de provas, pode-se realizar uma mesa redonda entre os provadores a fim de se definir melhor os atributos que serão avaliados.

Para selecionar e treinar uma equipe para o perfil de textura é preciso saber o que é textura. Pode-se definir textura como uma experiência composta, complexa e derivada das sensações da pele da boca antes, durante e depois da ingestão de alimentos e bebidas.

Estas sensações estão relacionadas com a densidade, viscosidade, tensão superficial e outras propriedades físicas do material que está sendo analisado.

Atualmente, as características de texturas (Quadro 7.29) estão relacionadas com as propriedades que medem a reação à força ou tátil.

- Propriedades mecânicas: dureza, coesividade, elasticidade, viscosidade e adesividade – sentidas pelo sentido cinestésico nos músculos da mão, dedos, língua, maxilar ou lábios;
- Propriedades geométricas: estão relacionadas com o tamanho, forma e orientação das partículas dos alimentos – sentidas pelos nervos táteis da mão, língua ou lábios;
- Propriedades de umidade/gordura: sensação de molhado, seco, oleoso da amostra na superfície da mão, lábios e língua.

Quadro 7.29
Relação entre parâmetro de textura e nomenclatura popular

Parâmetros primários	Parâmetros secundários	Termo popular
- Características mecânicas		
Dureza		Macio, firme, duro, frágil
Coesividade	Fraturabilidade Mastigabilidade Gomosidade	Esfarelamento, frágil Brando, duro Pastoso, gomoso
Viscosidade		Viscoso, fluido
Elasticidade		Plástico, elástico
Adevisidade		Pegajoso
- Características geométricas		
Forma e tamanho das partículas		Arenoso, granuloso
Natureza e orientação das partículas		Fibroso, cristalino, celular
- Outras características		
Teor de umidade		Seco, úmido
Teor de gordura		Oleoso, gorduroso

Além de se avaliar sensorialmente alguns parâmetros primários (Quadro 7.30) como dureza e elasticidade referentes à textura de um alimento, pode-se também, medi-los objetivamente utilizando-se de aparelhos como: viscosímetro, penetrômetro, dinamômetro, etc. Posteriormente no treinamento pode-se estabelecer uma correlação entre os valores obtidos por esses instrumentos e os resultados obtidos com o painel de provadores.

O procedimento para se avaliar a textura pode ser dividido em três etapas, como mostrado na Figura 7.3.

Szczesniack *et al.* (1973) desenvolveram escalas de referência para muitas das características mecânicas dos alimentos.

Garruti definiu dureza como a força para romper uma substância entre os dentes molares (para sólidos) ou entre a língua e o palato (para semissólidos). Mastigabilidade como o número de mastigadas neces-

Quadro 7.30
Definições das características sensoriais de textura

Propriedades	Sensoriais	Físicas
Primárias		
Dureza	Força requerida para compressão de uma substância entre os dentes molares (para sólidos) ou entre a língua e o palato (para semissólidos)	Força necessária para produzir uma deformação em uma substância
Coesividade	Grau de compressão de uma substância entre os dentes sem se romper	Força de atração entre as moléculas de uma substância
Elasticidade	Grau em que um material volta à sua forma original depois de cessada a compressão dos dentes	Velocidade de retomada da forma original depois da remoção da força de deformação
Viscosidade	Força requerida para puxar a substância da colher para a língua	Velocidade de fluxo por unidade de força
Adesividade	Força requerida para remover o material aderido aos dentes	Energia necessária para romper as forças atrativas entre a superfície do alimento e do material de contato do alimento
Secundárias		
Fraturabilidade	Força necessária para quebrar, esmigalhar ou rachar um alimento como os dentes	Força necessária para fraturar um material com alto grau de dureza e baixo grau de coesividade
Mastigabilidade	Tempo (s) requerido para mastigar um produto a uma velocidade constante até a consistência de deglutição	Energia para mastigar um alimento até a deglutição = dureza x coesividade x elasticidade
Gomosidade	Densidade que persiste durante a mastigação até a deglutição	Energia requerida para desintegrar um alimento até a deglutição = produto de baixo grau de dureza e alto grau de coesividade

Fonte: *Garruti, R.S., 1981*

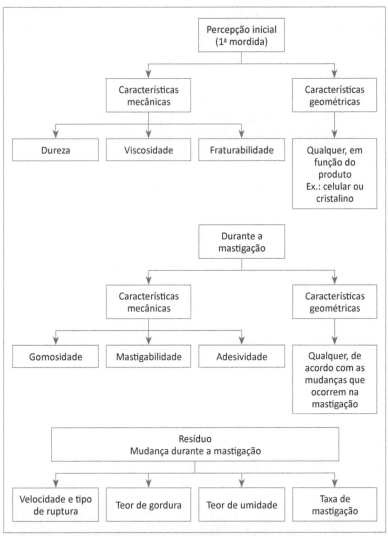

FIGURA 7.3: *Etapas de avaliação do perfil de textura.*
Fonte: Brandt e al., 1963.

sárias até que a amostra tenha consistência adequada à deglutição. A velocidade é de uma mastigada por segundo. As escalas padrões de dureza e mastigabilidade estão apresentadas nos Quadros 7.31 e 7.32.

O método de perfil de textura utiliza termos descritivos e escalas de referência já definidas para treinar os provadores e avaliar as amostras quanto à intensidade de cada atributo.

Quadro 7.31
Escala padrão de dureza (Garruti, RS< 1981)

Valor	Produto	Tipo	Marca	Tamanho	Temperatura °C
1	Queijo cremoso	Requeijão	Minas	Cubo-1 cm	7 - 13
2	Clara de ovo	Cozido 10'	-	1 cm	Ambiente
3	Frankfurter	Crua sem casca	Sadia	1 cm	13 – 20
4	Queijo	Prato	Rex	Cubo-1 cm	13 – 20
5	Azeitona	Verde	Cica	1 peça	13 – 20
6	Cenoura	Crua	-	1,3 cm	Ambiente
7	Amêndoa	Castanha de caju	Maguary	1 peça	Ambiente
8	Açúcar	Pedra	Kopenhagen	1 peça	Ambiente

Quadro 7.32
Escalas padrões de dureza e mastigabilidade

Valor	Mastigadas	Produto	Tipo	Marca	Tamanho	Temperatura °C
1	10	Pão	Fresco	Pulman	Cubo-1 cm	Ambiente
2	15	Salsicha	Cozida sem casca	Sadia	Rodela 1 cm	13 -20
3	25	Goma	Fruta	Lacta	Rodela 1 cm	Ambiente
4	31	Carne	Assada 10'	-	1,3 cm espessura	45 – 50
5	37	Bala	Toffee	Kopenhagen	½ peça	Ambiente

Análise quantitativa descritiva - ADQ

O método de ADQ é um método qualitativo-quantitativo que avalia os atributos sensoriais do produto analisado como, aparência, aroma, sabor e textura. Para este fim, uma escala não estruturada é comumente utilizada no teste, cujos extremos estão ancorados um pouco aquém dos limites da linha, para indicar a intensidade de cada atributo avaliado.

O método consiste em primeiramente selecionar e treinar provadores que irão formar uma equipe de 10 a 12 componentes. Cada provador avalia sensorialmente a amostra, verbalizam e discutem suas sensações, em conjunto com o grupo liderado por um dos provadores.

Dois métodos podem ser utilizados para desenvolver uma lista de termos descritivos do produto em estudo: o tradicional e o de rede.

No método tradicional (Quadro 7.33), os provadores são solicitados a descrever as características de aparência, sabor, aroma e textura do produto. O líder, juntamente com a equipe, discutem e selecionam os descritores mais utilizados, os quais comporão a ficha descritiva do produto avaliado.

No método de rede, os provadores são solicitados a descrever as similaridades para cada par de amostras apresentado. Os termos

Quadro 7.33
Questionário para o teste de ADQ pelo método tradicional

NOME:_____ IDADE:_____ DATA:_____PRODUTO:_____
Por favor, faça um traço vertical em um ponto da linha horizontal que melhor descreve cada atributo.

Aparência	Fraco	Forte
Cor		
Forma		
Brilho		

Aroma		
Aromático doce		
Caramelo		
Cozido		
Álcool		

Sabor		
Cozido		
Metálico		
Carvão		

Textura		
Crocante		

descritivos apontados pela equipe são discutidos pelos pares e selecionados aqueles mais utilizados que descrevem as diferenças e semelhanças entre as amostras avaliadas. A lista final de termos define a Ficha de Avaliação das Amostras (Quadro 7.34). Os provadores também sugerem os materiais de referência que ajudarão a equipe na percepção das características sensoriais, ancoradas na escala de intensidade proposta. De modo consensual, os provadores elaboram uma lista de definição de cada termo descritivo desenvolvido para o produto em análise.

Quadro 7.34
Ficha de Avaliação para o teste de ADQ pelo método de rede

NOME: _____ IDADE: _____ DATA: _____ PRODUTO: _____
Por favor, prove as duas amostras quanto à aparência, aroma, sabor e textura e indique em que elas são similares e em que são diferentes.

Amostras _____ e _____
Similaridades   Diferenças

Aparência
Aroma
Sabor
Textura

Um novo quadro é construído para classificar os atributos sensoriais obtidos das fichas dos provadores de acordo com o número de vezes que cada atributo é citado (Quadro 7.35).

Quadro 7.35
Classificação dos atributos segundo o número de vezes em que são citados

| Aparência | N | Aroma | N | Sabor | N | Textura | N |
Atributo		Atributo		Atributo		Atributo	

Um treinamento é realizado com o próprio produto e materiais de referência. Uma nova seleção de provadores é realizada com o objetivo de recrutar os provadores que conseguirem realmente discriminar as amostras ($pF_{amostra} \leq 0,30$); apresentarem boa reprodutibilidade ($pF_{repetição} > 0,05$) e produzirem resultados consensuais com todos os membros da equipe. Se a equipe apresentar $pF_{amostra\ X\ repetição} < 0,05$, indica erro grave de consenso da equipe. Neste caso, deve-se identificar o provador causador do erro consensual e retirá-lo da equipe para treinamento.

Os resultados da ADQ são avaliados por Análise de Variância (ANOVA) e um teste de média (geralmente, o de TUKEY), Análise dos Componentes Principais (ACP) ou por representação gráfica, chamado Gráfico Aranha (Figura 7.4).

No gráfico aranha, será graficada a intensidade média de cada atributo avaliado, tomando-se o ponto central como zero. As médias dos atributos são conectadas por uma linha, ilustrando o perfil sensorial do produto avaliado, isto é, suas diferenças e similaridades. Entretanto para avaliar se a diferença é significativa, com grau de confiança específico é necessário aplicar ANOVA e o teste de Tukey.

A representação gráfica da ADQ por Análise dos Componentes Principais (ACP) permite avaliação global dos resultados. ACP é uma análise multivariada que mostra as relações existentes entre as amostras bem como as características que evidenciam cada amostra. Como é apenas uma representação gráfica apenas sugere tendências. Para uma conclusão mais segura é preciso aplicar ANOVA e teste de Tukey, para verificar certeza a $p < 0,05$.

O gráfico da ACP é representado por vetores que explicam a porcentagem da variabilidade entre as amostras, segundo o eixo.

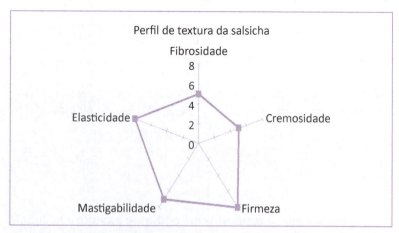

FIGURA 7.4: *Gráfico Aranha para avaliar os resultados da análise descritiva quantitativa.*

Geralmente são analisados três eixos, o 1º eixo é o principal e explica a maior porcentagem da variação, enquanto os outros dois representam a porcentagem complementar da variação entre as amostras. Vetores próximos indicam alta correlação positiva entre si. Vetores que mostram ângulo de 90º entre si não observam correlação significativa entre si. Já, vetores com ângulo de 180º apresentarão correlação linear significativa entre si ($p < 0{,}05$). Uma ACP não pode ser realizada com número de amostras maior que o número de atributos analisados.

Na ADQ, todos os provadores da equipe devem estar em consenso; discriminar as amostras ($pF_{amostra} \leq 0{,}30$); apresentar boa reprodutibilidade ($pF_{repetição} \geq 0{,}05$). Para verificar se os provadores estão em consenso, basta graficar, para cada provador, as médias do atributo julgado. Se todos apresentarem curvas similares para as amostras avaliadas, pode-se considerar que a equipe é homogênea para esta análise, e portanto, podem fazer parte da equipe.

Exemplo: Oito provadores treinados avaliaram a intensidade do sabor de fervido em suco de laranja produzidos em três métodos diferentes de processamento (P1, P2 e P3). Os resultados do teste com duas repetições estão mostrados no Quadro 7.36.

Quadro 7.36
Dados do teste ADQ para oito provadores

Repetição/provador	P1		P2		P3		Total
1	5	4	9	8	3	2	31
2	6	4	9	9	2	5	35
3	6	5	5	8	5	7	36
4	7	6	7	5	5	3	33
5	7	6	8	4	4	6	35
6	8	5	5	7	2	5	32
7	5	5	8	9	3	4	34
8	6	4	7	6	2	3	28
Total	89		114		61		264
Média	5,56		7,13		3,81		

Análise de variância com duas fontes de variação e interação (ANOVA e teste de média Tukey).

n =	8	Provador
t =	3	Amostra
r =	2	Repetições
N = n*t*r	48	Total
R = n*r	16	Total repetições
n_1 = n*t	24	Total julgamento/amostra
n' = t*r	6	Total julgamento/provador

O Quadro 7.37 mostra a soma total das repetições por provador, derivada dos dados obtidos no teste.

Quadro 7.37
Matriz do total das repetições por provador

Provador	TP1	TP2	TP3
1	9	17	5
2	10	18	7
3	11	13	12
4	12	12	8
5	13	12	10
6	14	12	7
7	15	17	7
8	16	13	5

Calculando ANOVA, passo a passo:
- Fator de correção, $K = (\Sigma\Sigma y_{i,j})^2/N$

$$K = 1452$$

- Soma do quadrado total, $SQ_T = \Sigma\Sigma y_{i,j}^2 - K$

$$SQ_T = 186{,}00$$

- Grau de liberdade total, $GL_T = N - 1$

$$GL_T = 47$$

- Soma do quadrado do tratamento, $SQ_t = (\Sigma t_i^2 / R) - K$
  $SQ_t = 87,88$
- Grau de liberdade do tratamento, $GL_t = t - 1$
  $GL_t = 2$
- Soma do quadrado do provador, $SQ_p = (\Sigma p_j^2 / n') - K$
  $SQ_p = 8,00$
- Grau de liberdade do provador, $GL_p = n - 1$
  $GL_p = 7$
- Soma do quadrado da interação tratamento x provador:
  - Soma do quadrado das células, $SQ_{células} = (\Sigma t_r^2 / r) - K$
    $SQ_{células} = 141,00$
  - Grau de liberdade das células, $GL_{células} = n_1 - 1$
    $GL_{células} = 23$
  - Soma do quadrado da interação, $SQ_i = SQ_{células} - SQ_t - SQ_p$
    $SQ_i = 45,13$
  - Grau de liberdade da interação, $GL_i = GL_{células} - GL_t - GL_p$
    $GL_i = 14$
- Soma do quadrado do resíduo, $SQ_r = SQ_T - SQ_t - SQ_p - SQ_i$
  $SQ_r = 45,00$
- Grau de liberdade do resíduo, $GL_r = GL_T - GL_t - GL_p - GL_i$
  $GL_r = 24$

Construindo o quadro da ANOVA:

FV	GL	SQ	QM	Fc	
Amostra	2	87,88	43,94	23,43	***
Provador	7	8,00	1,14	0,61	ns
Interação	14	45,13	3,22	1,72	ns
Resíduo	24	45,00	1,88		
Total	47	186,00			

ns = não significativo a $p < 0,05$; *** = significativo a $p < 0,001$.

Valores tabelados de F (F_t) extraídos das Tabelas 10.7 e 10.8 para $F > 1$.

FV	Ft ($p < 0,05$)	Ft ($p < 0,001$)
Amostra	3,40	5,61
Provador	< 1	
Int. Prov × amos	~ 2,18	3,03

Se Fcalculado ≥ Ftabelado conclui-se que há diferença significativa entre pelo menos dois tratamentos ou amostras a p < 0,05.

No exemplo acima, F_c da amostra = 43,94 > F_t = 3,40 e, portanto, pode-se concluir que pelo menos dois métodos de processamento diferem entre si com relação à intensidade de sabor de cozido a p < 0,05.

Para determinar qual dos processamentos promove maior intensidade de sabor de cozido no produto final, é necessário aplicar o teste de média de Tukey, calculando a mínima diferença significativa (Δ) entre as médias das amostras. O teste de Tukey é dado pela seguinte fórmula:

$$\Delta = q * \sqrt{QM_r / (n * t)}$$

Sendo:

q = constante da tabela de Tukey, extraída da Tabela 10.9 (p < 0,05) ou Tabela 10.10 (p < 0,001), e definida através do nível de significância, número de médias comparadas e GL do resíduo

QM_r = quadrado médio do resíduo; n = número de provadores; t = número de amostras

n * t = número total de julgamentos em todas as amostras

Assim, neste exemplo, $q_{(0,05;\ 3;\ 24)}$ = 3,53
Δ = 3,53 * $\sqrt{1,88/24}$
Δ = 0,99

Deste modo, todo par de amostras cujas médias deferem entre si por um valor absoluto maior ou igual a Δ, pode-se dizer que as amostras diferem entre si a p < 0,05.

Comparando as médias das amostras, colocadas em ordem decrescente:

P2 = 7,13   P1 = 5,56   P3 = 3,81

P2 − P3 = 7,13 − 3,81 = 3,31 > 0,99 ⇨ P2 difere significativamente de P3 a p < 0,05

P2 − P1 = 7,13 − 5,56 = 1,56 > 0,99 ⇨ P2 difere significativamente de P1 a p < 0,05

P1 − P3 = 5,56 − 3,81 = 1,75 > 0,99 ⇨ P1 difere significativamente de P3 a p < 0,05

Para médias de amostras com índice com letras minúsculas iguais conclui-se que os tratamentos não diferem significativamente entre si a p < 0,05. Médias com índices de letras minúsculas diferentes representam amostras diferentes entre si a p < 0,05.

$$P2_a \; P1_c \; P3_b$$

Portanto, neste exemplo, o tratamento P2 (maior média) apresentou a maior intensidade de sabor de cozido na amostra, enquanto o processamento P3 (menor média) ofereceu o menor sabor de cozido ao produto final, a p < 0,05.

TESTES AFETIVOS

Os testes afetivos referem-se a uma medida de opinião, ou seja preferência ou aceitabilidade, informando quanto o consumidor gosta ou desgosta de um produto.

Medidas de preferência podem incluir a escolha de uma amostra sobre outra, uma sequência ordenada de gosto, ou uma expressão de opinião em uma escala hedônica, sempre comparando duas ou mais amostras entre si.

Aceitação pode ser medida pela preferência ou gosto por um item específico do alimento. Estes testes auxiliam no desenvolvimento de novos produtos e geram informações importantes para a equipe de marketing. Nos testes de aceitação assume-se que o consumidor irá preferir o produto que ele mais gostou.

Os testes afetivos têm como objetivo: 1) determinar grau que os consumidores gostam/desgostam de um ou mais produtos, utilizando testes de aceitação como grau que os consumidores gostam/desgostam de um ou mais produtos; 2) avaliar a preferência do consumidor por um produto em relação a outro, usando os testes de comparação pareada-preferência, ordenação-preferência.

Estes testes podem ser aplicados em diferentes locais de acordo com o tipo de análise desejada. Por isso, são identificados como testes de laboratório (TL), de localização central (TLC) ou de uso doméstico (TUD).

Os testes de laboratório são úteis para identificar produtos para testes posteriores, aplicados em ambiente de laboratório para 25 a 50 provadores com duas a cinco amostras. São vantajosos, pois as condições do teste podem ser controladas e são de baixo custo. Mas a localização sugere ao provador que pelo menos um produto da empresa está sendo testado, os provadores não são consumidores aleatórios e por isso os resultados não predizem reações do mercado.

O TLC é conduzido em escolas, *shoppings*, supermercado ou lugares públicos. O número de participantes mínimo deve ser de

100, recrutadas ao acaso. Podem ser testadas duas a quatro amostras. Esse método não possibilita controle das condições do teste e individualidade das respostas e o número de perguntas é limitado.

O TUD é realizado na casa do provador nas próprias condições de uso. Entre 50 e 100 famílias de três a quatro cidades diferentes são recomendadas para este teste. Apenas uma ou duas amostras podem ser utilizadas para diminuir o risco de não devolução dos formulários. Nesse caso, o produto é analisado de forma global, sob condições reais de uso, desde embalagem até instruções de preparo. Mas as chances de extravio das respostas ou preparação inadequada ou avaliação por pessoas estranhas à família escolhida aumentam.

Nos testes afetivos os provadores devem ser consumidores do produto testado, e determinado a frequência de consumo do produto na região ou país, idade, sexo e renda, padrões culturais e étnicos. Funcionários da empresa não devem fazer parte da equipe, pois podem reconhecer a amostra. Provadores que participam de testes de diferença também não são indicados para formar a equipe dos testes afetivos, pois podem ser influenciados por características individuais do produto, levando a erros psicológicos.

Testes de preferência
Comparação pareada – preferência

Neste teste o provador recebe duas amostras codificadas e é requisitado a expressar a preferência baseada entre as duas amostras (Quadro 7.38).

Quadro 7.38
Ficha para o teste de comparação pareada-preferência
NOME:_____ IDADE:_____DATA:_____PRODUTO:_____
Por favor, prove as amostras da esquerda para a direita e assinale a amostra codificada de sua preferência.

Para análise dos resultados utiliza-se a tabela do teste de comparação pareada – bicaudal (Tabela 10.2) e determina-se se há preferência significativa por uma amostra em relação à outra a $p < 0,05$.

Teste de ordenação – preferência

O provador recebe três ou mais amostras codificadas e deve colocar as amostras em ordem decrescente de acordo com sua preferência (Quadro 7.39). A intensidade de gostar ou desgostar para amostras individuais não pode ser determinada adequadamente por esse método.

> **Quadro 7.39**
> **Ficha de avaliação do teste de ordenação-preferência**
>
> *NOME: _____ IDADE: _____ DATA: _____ PRODUTO: _____*
> Por favor, avalie da esquerda para a direita, cada uma das amostras codificadas e coloque-as em ordem decrescente de sua preferência.
>
> _____ _____ _____ _____
> +preferida   -preferida

Os resultados serão avaliados de modo similar ao teste de ordenação diferença, utilizando a tabela de Friedman (Tabela 10.5). Lembre-se que a amostra mais preferida receberá total de pontos maior que a menos preferida.

Testes de aceitabilidade
Escala hedônica

Neste teste, o provador é solicitado a avaliar o quanto gosta ou desgosta de cada amostra codificada que recebeu, conforme ficha de avaliação do Quadro 7.40.

O teste consiste de uma escala de "n" pontos onde o provador indica a sua impressão sobre amostra provada. Os extremos das escalas indicam o máximo ou o mínimo de uma impressão ou um atributo. Por exemplo: se estiver em julgamento gostar ou não gostar, os extremos das escalas seriam: adorei e detestei.

> **Quadro 7.40**
> **Ficha de avaliação do teste de escala hedônica**
>
> *NOME: _____ IDADE: _____ DATA: _____ PRODUTO: _____*
> Por favor, prove as amostras codificadas da esquerda para a direita e assinale, na respectiva escala, o quanto você gostou ou desgostou de cada uma.
> 9 - adorei
> 8 - gostei muito
> 7 - gostei moderadamente
> 6 - gostei levemente
> 5 - nem gostei e nem desgostei
> 4 - desgostei levemente
> 3 - desgostei moderadamente
> 2 - desgostei muito
> 1 - detestei
>
> _____ _____ _____

Na escala for estruturada, o seu interior será estruturado com impressões ou atributos intermediários. A cada ponto é atribuída uma nota distribuídas em ordem decrescente e a nota mínima será de 1 correspondente a detestei, a nota máxima será 9 que corresponde a adorei e a nota 5 corresponde ao ponto nem gostei nem desgostei.

Na escala estruturada mista (Quadro 4.40), a cada nota é conferido um termo verbal que exprime o atributo correspondente. A escolha das palavras e frases para classificar os intervalos da escala é de grande importância para que esses termos verbais não conduzam apenas a ideia de ordem sucessiva dos intervalos, mas também fiquem claros para o provador.

Na escala não estruturada (Figura 7.5), apenas os extremos são determinados e provador deve colocar um traço na escala que corresponde à sua impressão em relação à sua opinião sobre a amostra testada. Cada amostra terá uma escala para avaliação. A nota da amostra é determinada pela medida do ponto inicial da escala até o tração indicado pelo provador para aquela amostra.

A escala hedônica facial (Figura 7.6) é uma escala modificada, onde são usadas caretas que expressam a aceitabilidade em lugar de termos descritivos. Essa escala é usada principalmente para crianças que não sabem ler. Ao provador pede-se que registre a careta que melhor descreva o quanto gostou ou desgostou da amostra. Para avaliação dos resultados, a cada careta é dado um valor e os dados são analisados estatisticamente.

Exemplo: dez provadores avaliaram quanto gostaram ou desgostaram de duas marcas diferentes de compota de pêssego, usando

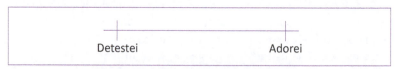

Figura 7.5: *Escala hedônica não estruturada.*

Figura 7.6: *Escala hedônica facial.*

teste de escala hedônica de escala estruturada mista de 9 pontos. O quadro de resultados das duas amostras A e B encontra-se apresentado no Quadro 7.41.

Quadro 7.41
Resultado do teste de escala hedônica de compota de pêssego

Provador	Amostras A	Amostras B	Diferença (A-B)
1	8	6	2
2	7	7	0
3	7	6	1
4	8	7	1
5	6	6	0
6	7	6	1
7	7	7	0
8	8	7	1
9	6	7	-1
10	7	7	0
Σ	71	66	5
Média	7,1	6,6	0,5

Os resultados serão analisados pelo método de distribuição t (*t-test*), aplicado somente quando houver duas amostras testadas. Neste caso, os seguintes cálculos são necessários:
- Cálculo da diferença entre as médias (d):
$$d = \text{média A} - \text{média B}$$
$$d = 7,1 - 6,6 = 0,5$$

- Cálculo de significância (S):

$$S = \sqrt{\frac{\Sigma d_i^2 - (\Sigma d_i)^2 / n}{n-1}}$$

Sendo: Σd_i^2 = a soma do quadrado de cada diferença
$(\Sigma d_i)^2$ = a soma das diferenças elevada ao quadrado
GL = n – 1 = grau de liberdade
n = número de provadores

Aplicando os valores na equação de S:

$\Sigma d_i^2 = 2^2 + 0^2 + 1^2 + ... + (-1)^2 + 0^2 = 9$
$(\Sigma d_i)^2 = 5^2 = 25$
$n = 10$

$$S = \sqrt{\frac{9 - (25/10)}{9}} = 0{,}85$$

Para as amostras serem significativamente diferentes isto é, aquela de média mais alta ser considerada melhor amostra em termos de sabor que aquela de média mais baixa, é necessário $t_c \geq t_t$.

$$t_c = \frac{d}{S/\sqrt{n}}$$

Substituindo os valores do exemplo na equação acima tem-se:

$$t_c = \frac{0{,}5}{0{,}85/\sqrt{10}} = 1{,}85$$

Valor de t_t obtido da distribuição *t-test* (Tabela 10.12), para cada nível de significância, com 9 graus de liberdade é mostrado no Quadro 7.42.

Quadro 7.42
Significância para t-test da Tabela 10.12

GL	Nível de significância		
	0,05	0,01	0,001
9	2, 262	3, 250	4, 781

Observando o Quadro 7.42, o valor de t_t ao nível de significância de 5% (p < 0,05) é 2,262.

Portanto, como $t_c < t_t$, apesar da média da amostra A ter sido superior à média da amostra B, não há preferência significativa ao nível de 5% entre as duas marcas de compota de pêssego.

Nos casos em que mais de duas amostras são testadas, a análise dos resultados é feita por ANOVA e teste de Tukey a p < 0,05.

Escala do ideal (Just Right Scale)

O provador é solicitado a avaliar quanto cada amostra codificada recebida possui uma determinada característica mais ou menos intensa que o ideal. Nesse teste, a opinião do provador é expressa através da ficha de avaliação escala descrita a seguir (Quadro 7.43), em um determinado atributo.

Quadro 7.43
Ficha de aplicação do teste de escala do ideal

NOME: _____ IDADE: _____ DATA: _____ PRODUTO: _____
Avalie (atributo) das duas amostras codificadas de (produto) e, utilizando a escala abaixo, avalie quão próximo do ideal cada amostra se encontra em relação ao (atributo) testado.

amostra _____ amostra _____

- 4 = extremamente menos (atributo) que o ideal

- 3 = muito menos (atributo) que o ideal

- 2 = moderadamente menos (atributo) que o ideal

- 1 = ligeiramente menos (atributo) que o ideal

+ 2 = moderadamente mais (atributo) que o ideal

+ 3 = muito mais (atributo) que o ideal

+ 4 = extremamente mais (atributo) que o ideal

Os resultados são avaliados através de gráfico de barras (histograma), pelo teste de chi-quadrado (χ^2) ou por regressão linear simples.

Exemplo: A doçura de dois refrigerantes foi avaliada por uma equipe de 65 provadores. A amostra X é formulada com sacarose e a amostra Y, com tipo de edulcorante. A distribuição de respostas (%) para cada amostra avaliada está apresentada no histograma de barras a seguir (Figura 7.7).

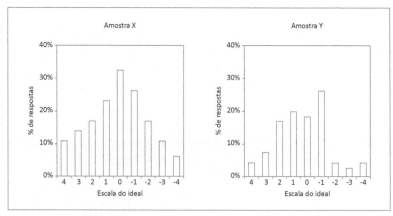

FIGURA 7.7: *Distribuição das respostas das amostras X e Y.*

Os resultados sugerem que a amostra X apresenta doçura mais próxima do ideal, enquanto a amostra Y mostra-se menos doce que o ideal.

Avaliação de aceitação

O índice de aceitação (IA) de um produto pode ser avaliado através do volume ou quantidade consumida pelo consumidor, individualmente ou com o total de participantes da pesquisa.

$$IA = \frac{\text{Volume consumido} \times 100}{\text{Volume servido}}$$

Em que:
Volume consumido = produto preparado − (sobra limpa + resto)
Volume servido = produto preparado − sobra limpa.

Esse método é muito utilizado para determinar aceitação dos produtos servidos em merendas escolares de escolas ou creches e também para rações para animais.

O índice de aceitabilidade mínimo para produtos salgados é de 70% e para doces é de 80%.

Intenção de compra

É um teste utilizado para avaliar a aceitação de uma marca de produto pelo consumidor. Emprega-se uma escala (Quadro 7.44) que indica a opinião do mercado consumidor.

Os dados serão avaliados através de um histograma da distribuição da porcentagem de respostas.

Quadro 7.44
Ficha de avaliação de intenção de compra

NOME: _____ IDADE: _____ DATA: _____ PRODUTO: _____
Se esta marca ou produto estivesse à venda, você:
( ) certamente compraria
( ) provavelmente compraria
( ) talvez comprasse/talvez não comprasse
( ) provavelmente não compraria
( ) certamente não compraria

Análise Estatística Aplicada

São cálculos, métodos e tabelas utilizados para analisar dados experimentais observados.

CONCEITOS BÁSICOS

Média aritmética simples

A média aritmética simples (X) é dada pelo somatório de todos os dados observados dividido pelo número de experimentos ou julgamentos realizados.

$$\overline{X} = \frac{\Sigma x_i}{n}$$

Desvio-padrão

O desvio-padrão (DP) avalia a variação amostral dos dados observados em torno da média. Quanto maior o desvio-padrão, maior é a variação.

$$DP = \sqrt{\Sigma(X - \overline{X})^2/(n-1)}$$

Variância

A variância (S^2) avalia as variações de diversas fontes sobre os dados experimentais. Quanto maior a variância, maior é a variação da fonte analisada.

$$S^2 = \Sigma(X - \overline{X})^2/(n-1)$$

Grau de liberdade

O grau de liberdade (GL) determina a independência funcional das fontes de variação.

$$GL = n - 1$$

Grau de liberdade de uma variável indica o grau de confiabilidade do teste usado na análise dos resultados. Quanto maior o grau de liberdade, maior é a certeza da diferença ou da preferência. O grau de liberdade refere-se ao número de variáveis, tendo-se especificado apenas uma delas, isto é, indica que pelo menos um par de tratamentos difere entre si ou tem preferência.

Hipótese nula

A hipótese nula (Ho) assume a igualdade entre os tratamentos ou a média das amostras.

$$Ho \Rightarrow \mu_A = \mu_B$$

Hipótese alternativa

A hipótese alternativa (Ha) estabelece que os tratamentos ou amostras não são iguais.

$$Ha \Rightarrow \mu_A \neq \mu_B$$

Significância

Significância (p) é dada pela probabilidade de um evento ocorrer. Pode ser expressa em porcentagem. Na análise sensorial ficou estabelecido que o maior nível de significância aceitável para se avaliar um resultado é de 5% (p < 0,05). Isso permite que não se cometa risco de colocar um produto no mercado sem segurança (Figura 8.1).

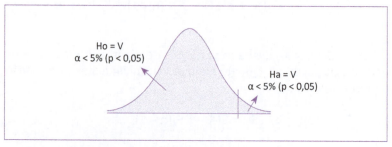

Figura 8.1: *Distribuição normal: curva de Gauss.*

Se $\chi^2_c < \chi^2_t$ ⇨ aceitar Ho
Se $\chi^2_c \geq \chi^2_t$ ⇨ rejeitar Ho
Se Ho = V, então A = B a p < 0,05
Se Ha = V, então A ≠ B a p < 0,05
Nível de significância de 5% significa que em 100 repetições, haverá 95 vezes a mesma resposta. Nível de significância de 1% diz que em 100 repetições haverá 99 vezes a mesma resposta.

COEFICIENTE DE CORRELAÇÃO

Correlação (r) por definição é a medida do grau de dependência entre duas variáveis. Segundo Szcezniak, coeficiente de correlação é uma expressão matemática de como as variações de um fator mensurável parecem estar associadas com variações de outro fator. Esse coeficiente pode variar de −1 a +1, em que, +1 corresponde a correlação perfeitamente positiva; 0 corresponde a não existência de correlação; −1 significa correlação perfeitamente negativa (Figura 8.2).

Na correlação é positiva, a inclinação da reta é positiva. Se a inclinação da reta é negativa, a correlação será também negativa. A inclinação da reta não é importante. O que importa é estarem os pontos próximos da reta.

Na realidade, nenhuma correlação é perfeita por ser muito difícil todos os pontos caírem sobre a reta. Quando os pontos ficam espalhados pelo gráfico equidistantemente ou a relação entre as variáveis é uma curva, então o coeficiente de correlação é zero.

O fato de que duas variáveis tendam a aumentar ou diminuir juntas não implica que uma delas tenha algum efeito direto ou indireto sobre a outra. Ambas podem ser influenciadas por outras variáveis de maneira a dar origem a uma forte relação matemática.

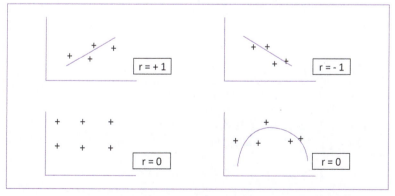

FIGURA 8.2: *Distribuição de pontos experimentais em várias situações.*

O coeficiente de correlação calculado (r_c) para "n" tratamentos é dado pela seguinte equação:

$$r_c = \frac{\Sigma XY - (\Sigma X \Sigma Y)}{\sqrt{\{\Sigma X^2 - (\Sigma X)^2/n\} \{\Sigma Y^2 - (\Sigma Y)^2/n\}}}$$

Para estabelecer se a correlação é significativa use a Tabela 10.13. Se o valor do coeficiente de correlação calculado (r_c) for maior ou igual ao coeficiente de correlação tabelado (r_t), para um dado número de grau de liberdade (n – 2), então a correlação é significativa a um dado nível de significância.

O fato de que as duas variáveis tendam a aumentar ou diminuir juntas não implica que uma delas tenha algum efeito direto ou indireto sobre a outra. Ambas podem ser influenciadas por outras variáveis de maneira a dar origem a uma forte relação matemática.

O Quadro 8.1 apresenta a Ficha de Avaliação para determinar o coeficiente de correlação entre métodos de avaliação do atributo de um determinado produto.

NOME: _____ *IDADE:* _____ *DATA:* _____ *PRODUTO:* _____

Por favor, avalie a textura (firmeza) dos grupos de amostra separadamente e use a escala abaixo:

Visual: indique o grau de firmeza usando somente observações.
Manual: aperte com o dedo indicador e avalie a textura.
Oral: avalie a textura levando o produto à boca e mordendo com o primeiro pré-molar.

Nenhuma firmeza 0 |————————————————| 10 Extremamente firme

Quadro 8.1
Ficha para avaliação da firmeza através do coeficiente de correlação

Visual		Manual		Oral	
Nº da amostra	Valor	Nº da amostra	Valor	Nº da amostra	Valor

Os valores dados pelos provadores às amostras são apresentados em tabela, conforme modelo do Quadro 8.2. O valor computado a cada amostra consiste na média dos valores dados por todos os provadores.

Quadro 8.2
Resultados da avaliação de textura através de percepção visual, manual e oral

Provador	Visual amostras				Manual amostras				Oral amostras			
	A	B	C	D	A	B	C	D	A	B	C	D
1												
2												
.												
.												
.												
n												
Total												
Média												

Exemplo: determinar se há correlação entre os meios de avaliação: visual & manual para palmito em conserva, embalagem de vidro. As medidas realizadas foram:
X = média dos valores para o teste visual para cada amostra
Y = média dos valores para o teste manual para cada amostra

Valores calculados:

Amostra	X	Y	XY	X^2	Y^2
A	2,13	1,38	2,93	4,54	1,90
B	8,00	8,38	67,04	64,00	70,22
C	4,37	4,75	20,75	19,10	22,56
D	7,63	7,25	55,32	58,22	52,56
E	7,13	9,88	70,44	50,83	97,61
à	29,26	31, 64	216,48	196,69	244,85

Substituindo os dados na fórmula do coeficiente de Pearson, calcula-se o coeficiente de correlação (r_c).

O valor calculado de $r_c = 0,96$ é comparado com o valor tabelado de r_t (Tabela 10.13) para n = 5 e GL = n – 2 = 3 que está apresentado no Quadro 8.3.

Quadro 8.3
Tabela de coeficiente de correlação de Pearson (Tabela 10.13)

GL	Nível de significância (%)		
	5	1	0,1
3	0,878	0,959	0,991

Como r_c (0,96) é maior/igual a r_t (0,959) a p ≤ 0,01 de significância, conclui-se que existe correlação positiva ao nível de 1% de significância. Portanto, os dois métodos de avaliação da textura são dependentes entre si.

Para determinar a proporção dos pontos de X e Y que têm correlação perfeitamente linear, calcula-se $r^2 \times 100$, ou seja, $(0,96)^2 \times 100$ = 92%, o significa que 92% dos pontos de X e de Y têm correlação perfeitamente linear.

REGRESSÃO LINEAR

A regressão linear permite determinar a equação da reta a partir de dados experimentais, expressa pela equação:

$$Y = aX + b$$

Sendo:

$$a = \frac{\Sigma XY - (\Sigma X \Sigma Y)/n}{\Sigma X^2 - (\Sigma X)^2/n}$$

$$b = \frac{\Sigma Y - a\Sigma X}{n}$$

ANÁLISE DE VARIÂNCIA

Dadas duas variáveis X e Y, é possível verificar a existência de um modelo matemático que estabeleça uma linha reta através de um modelo estatístico, aplicando-se regressão linear (Figura 8.3). Obtém-se, então, a equação da reta, equidistante dos pontos experimentais: Y = aX + b.

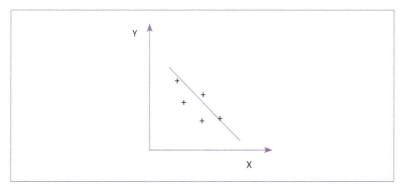

Figura 8.3: *Pontos experimentais.*

Em uma avaliação sensorial pode-se ter mais de uma variável Y (número de tratamentos ou amostras) e mais de uma variável X (número de provadores). Nesse caso, utiliza-se a análise de variância (ANOVA), através do modelo estatístico de distribuição F, demonstrado por Fisher.

O objetivo da análise de variância é verificar a influência de todos os tratamentos na variável dependente em estudo. Por exemplo, analisar a influência de quatro temperaturas de estocagem no suco de laranja em embalagem TetraBrik armazenado durante cinco meses.

As observações devem ser dispostas como na tabela como mostra o Quadro 8.4.

Quadro 8.4
Dados obtidos em análise sensorial de um produto através de escala

| Número de repetições | Tratamentos | | | | | Σp_j | β_j |
	1	2	3.....	....i....	....t		
1	$y_{1,1}$	$y_{2,1}$	$y_{3,1}$	$y_{i,1}$	$y_{t,1}$	p_1	β_1
2	$y_{1,2}$				$y_{t,2}$	p_2	β_2
:							
:							
j	$y_{1,j}$			$y_{i,j}$		p_j	β_j
:							
n	$y_{1,n}$				$y_{t,n}$	p_n	β_n
Σt_i	t_1	t_2		t_i	t_t		
μ_i	μ_1	μ_2		μ_i	μ_t		

Sendo: i = número do tratamento
t = número de tratamentos
j = número da amostra em cada tratamento
n = número de amostras em cada tratamento
N = número total de respostas = n × t

A diferença significativa entre os tratamentos é avaliada através de um teste de hipótese:
- Ho = hipótese verdadeira, isto é, os tratamentos são iguais (A=B);
- Ha = hipótese alternativa, isto é, pelo menos um par de tratamentos difere entre si (A≠B).

Para testar Ho devemos obter os quadrados médios que podem ser calculados pela divisão da soma dos quadrados da variação envolvida pelos seus graus de liberdade (GL).

O quadro de variância à dois critérios de variação está apresentado no Quadro 8.5.

Quadro 8.5
Quadro da ANOVA a dois critérios de variação

Fonte de variação	GL	SQ	QM	F_c
Tratamento	t – 1	SQ_t	$QM_t = SQ_t/GL$	Qm_t/QM_r
Provador	n – 1	SQ_p	$QM_p = SQ_p/GL$	Qm_p/QM_r
Resíduo	N – t – n + 1	SQ_r	$QM_r = SQ_r/GL$	
Total	N – 1	SQ_T		

- SQ_T = soma do quadrado de cada $y_{i,j}$ menos o quadrado da soma de todo $y_{i,j}$ dividido por N. Assim, tem-se:

$$SQ_t = \sum_{i=1}^{t} \sum_{j=1}^{n} y_{i,j}^2 - \frac{(\sum_{i=1}^{t} \sum_{j=1}^{n} y_{i,j})^2}{N}$$

- SQ_t = soma do quadrado da cada t_i dividido por n, menos o quadrado da soma de todo $y_{i,j}$ dividido por N. Assim, tem-se:

$$SQ_t = \sum_{i=1}^{t} \frac{t_j^2}{n} - \frac{(\sum_{i=1}^{t} \sum_{j=1}^{n} y_{i,j})^2}{N}$$

- SQ_p = soma do quadrado da cada p_j dividido por t, menos o quadrado da soma de todo $y_{i,j}$ dividido por N. Assim, tem-se:

$$SQ_p = \sum_{i=1}^{t} \frac{p_j^2}{t} - \frac{(\sum_{i=1}^{t} \sum_{j=1}^{n} y_{i,j})^2}{N}$$

- SQ_r = soma do quadrado do resíduo, é dado pela diferença entre SQ_T, SQ_t e SQ_p:

$$SQ_r = SQ_T - SQ_t - SQp$$

O resultado obtido de F_c deverá ser comparado com o valor de F_t (tabelado), encontrado nas Tabelas 10.7 e 10.8 (ANOVA – distribuição de Fisher, a 5 e 1% de significância, respectivamente).

Assim, se $F_c \geq F_t$, H_o é rejeitada (H_a = V), isto é, pelo um par de amostras difere significativamente entre si (A≠B). E se $F_c < F_t$, Ho é aceita (Ho = V), isto é, não existe diferença significativa entre os tratamentos (A=B).

Exemplo: Um estudo realizado com quatro tipos de ração para verificar o aumento de peso de camundongos após 30 dias com essa dieta, obteve-se os resultados do Quadro 8.6.

Quadro 8.6
Resultados do teste de ração para aumento de peso em camundongos

n	\multicolumn{4}{c}{Tratamentos}	Pj	βj
	A	B	C	D	Pj	βj
1	8	5	5	6	24	6,0
2	7	5	5	6	23	5,8
3	7	4	6	6	23	5,8
4	7	4	6	7	24	6,0
5	8	3	5	7	23	5,8
6	8	3	8	6	25	6,3
7	8	5	6	8	27	6,8
8	7	3	5	7	22	5,5
t_i	60	32	46	53	191	
μ_i	7,5	4,0	5,8	6,6		

Portanto: como $F_c \geq F_t$, existe diferença significativa entre as rações ao nível de 1% de significância (Ha = V). Quanto aos provadores, conclui-se que a equipe está em consenso (F < 1), isto é, não há diferença significativa entre os provadores (Quadro 8.7).

Quadro 8.7
ANOVA – Quadro de variância a dois critério de variação

Fonte de variação	GL	SQ	QM	F_c	$F_{t(1\%)}$
Tratamento	t – 1 = 3	53,6	53,6/3 = 17,9	17,9/0,7 = 24,7	4,57
Provador	p – 1 = 7	4,2	4,2/7 = 0,6	0,6/0,7 = 0,8	ns
Resíduo	(t – 1)(n – 1) = 21	15,2	15,2/21 = 0,7		
Total	N – 1 = 31	73,0			

Teste de média de Tukey

Se há diferença entre os tratamentos, é necessário determinar qual deles é o diferente. Aplica-se o teste de média de Tukey, quando não há amostra padrão comparada com as amostras codificadas.

A diferença entre as médias das amostras é comparada com o valor crítico (Δ) calculado. Quando essa diferença for maior ou igual ao valor crítico, diz-se que as amostras diferem entre si a esse nível de significância.

$$\Delta = q \sqrt{QM_r/n}$$

Da Tabela 10.10, obtém-se a constante de Tukey para t = 4; GL_r = 21 e nível de significância de 1%. O valor de $q_{(4,28,1)}$ é 4,80 que substituído na equação de Tukey tem-se $\Delta_{1\%}$ = 1,4.

A diferença entre as médias das amostras é comparada com o valor crítico (Δ):

A – B = 3,5 ≥ Δ ⇨ A ≠ B
A – C = 1,7 < Δ ⇨ A = C
A – D = 0,9 < Δ ⇨ A = D
D – B = 2,6 ≥ Δ ⇨ D ≠ B
D – C = 0,8 < Δ ⇨ D = C
C – B = 1,8 ≥ Δ ⇨ C ≠ B

Para melhor avaliação dos resultados adota-se que letras minúsculas diferentes serão colocadas em amostras diferentes e, amostras iguais receberão letras minúsculas iguais.

Colocando as médias em ordem decrescente e atribuindo letras minúsculas iguais para amostras iguais e letras minúsculas diferentes para amostras diferentes tem-se:

$$A_a D_a C_a B_b$$

Pode-se afirmar que, ao nível de 1% de significância, as amostras A, D e C proporcionaram, igualmente, maior aumento de peso nos camundongos do que a amostra B.

Referência Bibliográfica 9

- American Society or Testing and Materials. New York, ASTM, 77p, 1968.
- Amerine, M.A.; Pangborn, R.M.; Roessler, E.B. Principles of sensory evaluation of food. New York, Academic Press, 602pp, 1965.
- Amoore, J.E. Specific anosmia and the concept of primary odors. Chem. Senses Flavor 2, 267-281, 1977.
- ASTM. Physical requirement guidelines for sensory evaluation laboratories. Eggert, J.; Zook, K. Eds. ASTM Special Technical Publication 913, American Society for Testing and Material, Philadelphia, 1986.
- Garruti, R.S. Metodologia estatístico-sensorial para avaliação do sabor e textura de cultivares de feijão (Phaseolus vulgaris L.) armazenados. Tese de livre docência, Faculdade de Engenharia de Alimentos, Unicamp, 1981.
- Hoel, P.G. Estatística elementar. Ed. Atlas, 1981.
- IFT. Sensory evaluation guide for testing food and beverage products. Food Technology 35 (11): 50 – 59, 1981.
- Larmond, E. Methods for sensory evaluation of food. Canada Department of Agriculture, Canada, 57p, 1970.
- Meilgaard, M.D. Sensory evaluation techniques. CRC Press, Boca Raton, London New York Washington, D.C., 3ª Ed, 1999.
- Meilgaard, M.; Ceville. G.V.; Carr, B.T. Sensory evaluation techniques. 1ª ed. Florida – USA: CRC Press, 1987.
- Miya, E.E. Noções gerais sobre qualidade. Boletim ITAL, Campinas.
- Moraes, M.A. Métodos para avaliação sensorial dos alimentos. Brasil, Ed. da Unicamp, 1985.
- Morales, A.A. La evaluación sensorial de los alimentos en la teoría y la práctica. Editorial Acribia, S.A., Zaragoza, Espanha, 1994.
- Moskowitz, H.R. New directions for product testing and sensory analysis foods. Food of Nutrition Press, Inc. Westpoint, Connecticut 06880, 1985.
- Pangborn, R.M; Mahony, M.O. Application of statistics to food. Consumer, Textile and Fermentation Science. Food Science and Technology - University of California, Davis, California, 1977.

- Roessler, E.B. et al. Expanded statistical tables for estimating significance in paired-preference, paired-difference, duo-trio and triangle tests. J Food Sci 43: 940, 1978.
- SBCTA - Análise sensorial: Testes Discriminativos e Afetivos. Manual – Série Qualidade, 1a Edição, 2000.
- Silva, M.A.P.A. Métodos de avaliação sensorial de alimentos. Apostila. Campinas: Escola de Extensão da UNICAMP, 1977.
- Stone, H., Oliver, S.M. Measurement of the relative sweetness of selected sweeteners and sweetener mixtures. J Food Sci., v.34, p.215-22, 1969.
- Stone, H.; Sidel, J.L. Sensory evaluation practices. Florida – USA: Academic Press, Inc. 1985.
- Szczesniak, A.S.; Brandt, M.A.; Friedman, H.H. Development of standard rating scales for mechanical parameters of texture and correlation between the objective and the sensory methods of texture evaluation. J. Food Sci. 40, 1243, 1975.

Tabelas Estatísticas 10

Tabela 10.1
Códigos de três dígitos randomizados para delineamento

Random Orders of the Digits 1-9: Arranged in Groups of Three Columns
Instructions

(1) To generate a sequence of three-digit random numbers, enter the table at any location, e.g., closing the eyes and pointing. Without inspecting the numbers, decide whether to move up or down the column entered. Record as many numbers as needed. Discard any numbers that are unsuitable (out of range, carne up before, etc.). The sequence of numbers obtained in this manner is in random order.

(2) To generate a sequence of two-digit random numbers, proceed as in (1), but first decide, e.g., by coin toss, whether to use the first two or last two digits of each number taken from the table. Treat each three-digit number in the same manner, i.e., discard the same digit from each. If two-digit number comes up more than once, retain only the first.

(3) Random number tables are impractical for problems such as: "place the numbers from 15 to 50 in random order." Instead, write each number on a card and draw the cards blindly from a bag or use a computerized random number generator such as PROC PLAN from SAS."'

Continua...

Tabela 10.1
Códigos de três dígitos randomizados para delineamento – continuação

862	245	458	396	522	498	298	665	635	113	917	365	332	896	314	688	468	663	712	585	351	847
223	398	183	765	138	369	163	743	593	252	581	355	542	691	222	746	636	478	368	949	797	295
756	954	266	174	496	133	759	488	854	187	228	824	881	549	169	122	919	946	293	874	289	452
544	537	522	459	984	585	946	127	711	549	445	793	734	855	121	885	595	152	237	574	611	145	784
681	829	614	547	869	742	822	554	448	813	976	688	959	714	912	646	873	397	159	155	874	463	363
199	113	941	933	375	651	414	891	129	938	862	572	698	128	363	478	214	841	314	437	792	874	926
918	481	797	621	743	827	377	916	966	429	657	246	423	277	685	533	937	223	582	946	323	626	519
335	662	875	282	617	274	635	379	287	791	334	139	117	963	448	957	451	585	821	829	267	512	638
477	776	339	818	251	916	581	232	372	374	799	461	276	486	274	791	369	774	795	681	458	938	171
653	489	538	216	446	849	914	337	993	459	325	614	771	244	429	874	557	119	122	417	882	714	769
749	824	721	967	287	556	628	843	725	731	553	253	183	653	988	431	788	426	875	838	457	927	475
522	967	259	532	618	624	396	562	134	563	932	441	834	787	231	958	232	537	439	956	531	345	352
475	172	986	859	925	932	282	924	842	642	797	565	399	896	596	282	441	784	258	684	625	662	291
116	218	464	191	132	218	573	786	258	296	471	372	618	935	353	747	123	863	644	161	793	196	847
381	641	393	375	354	193	165	615	587	384	119	187	965	572	112	695	615	941	361	375	376	871	633
968	755	847	643	773	765	439	478	611	978	868	898	546	319	775	169	896	275	513	222	114	233	184

Continua...

Tabela 10.1
Códigos de três dígitos randomizados para delineamento – continuação

742	421	226	286	522	618	471	218	397	745	461	477	478	535	957	674	132	228	442	225	444	171	151
859	878	392	311	659	772	935	447	834	117	658	161	754	654	176	883	855	195	637	751	586	948	513
964	593	137	574	288	994	582	961	746	336	983	782	611	988	833	265	969	584	564	683	197	214	326
177	636	674	897	167	157	856	524	662	598	145	926	362	777	415	931	313	317	195	137	959	536	985
228	755	915	955	946	233	647	653	425	674	719	543	549	826	669	429	576	776	756	392	632	725	879
591	214	851	669	394	349	299	192	179	261	332	294	896	299	782	397	791	659	921	569	811	683	762
636	167	789	438	413	565	118	889	253	452	577	859	125	141	241	746	444	841	313	446	225	362	248
415	982	543	743	835	826	364	776	988	923	224	615	283	462	328	512	228	466	278	874	373	499	437
383	349	468	122	771	481	723	335	511	889	896	338	937	313	594	158	687	932	889	918	768	857	694
975	973	235	811	761	226	637	382	741	767	894	371	128	972	161	911	427	164	461	991	792	256	194
257	752	667	227	813	488	598	198	979	388	921	926	715	349	644	846	879	242	695	222	633	595	526
723	395	174	453	276	732	323	866	583	826	562	817	397	556	786	358	755	996	249	676	461	614	485
448	524	951	982	455	999	451	434	695	693	788	493	951	231	259	667	318	655	374	559	577	873	747
539	881	529	664	594	555	779	629	168	442	377	685	449	128	532	232	241	418	536	733	348	162	919
661	469	312	748	942	671	284	777	354	939	116	158	583	615	977	525	193	871	883	818	154	449	333
394	647	493	599	628	317	846	255	416	174	449	269	276	883	828	193	984	529	758	164	215	938	272
882	216	786	376	187	864	912	941	837	551	233	744	634	464	313	474	536	333	927	345	889	387	658
116	138	848	135	339	143	165	513	222	215	655	532	862	797	495	789	662	787	112	487	926	721	861

Tabela 10.2
Teste de comparação pareada e duo-trio (p = 1/2)

Nº of tasters or tastings	Significance in paired taste test			Minimum correct answers necessary to establish significant differentiation (One-tail test)		
	Minimum agreeing judgments necessary to establish significant differentiation (Two-tail test)					
	Probably level				Probably level	
	.05	.01	.001		.05	.01	.001
5	....	....	....	5	....	....
6	....	....	....	6	....	....
7	7	....	....	7	7	....
8	8	8	....	7	8	....
9	8	9	....	8	9	....
10	9	10	....	9	10	10
11	10	11	11	9	10	11
12	10	11	12	10	11	12
13	11	12	13	10	12	13
14	12	13	14	11	12	13
15	12	13	14	12	13	14
16	13	14	15	12	14	15
17	13	15	16	13	14	16
18	14	15	17	13	15	16
19	15	16	17	14	15	17
20	15	17	18	15	16	18
21	16	17	19	15	17	18
22	17	18	19	16	17	19
23	17	19	20	16	18	20
24	18	19	21	17	19	20
25	18	20	21	18	19	21
26	19	20	22	18	20	22
27	20	21	23	19	20	22
28	20	22	23	19	21	23
29	21	22	24	20	22	24
30	21	23	25	20	22	24
31	22	24	25	21	23	25
32	23	24	26	22	24	26
33	23	25	27	22	24	26
34	24	25	27	23	25	27
35	24	26	28	23	25	27
36	25	27	29	24	26	28
37	25	27	29	24	27	29
38	26	28	30	25	27	29

Continua...

Tabela 10.2
Teste de comparação pareada e duo-trio (p = 1/2) – continuação

39	27	28	31	26	28	30
40	27	29	31	26	28	31
41	28	30	32	27	29	31
42	28	30	32	27	29	32
43	29	31	33	28	30	32
44	29	31	34	28	31	33
45	30	32	34	29	31	34
46	31	33	35	30	32	34
47	31	33	36	30	32	35
48	32	34	36	31	33	36
49	32	34	37	31	34	36
50	33	35	37	32	34	37
60	39	41	44	37	40	43
70	44	47	50	43	46	49
80	50	52	56	48	51	55
90	55	58	61	54	57	61
100	61	64	67	59	63	66

Tabela 10.3
Teste triangular (p = ½)

Formula: n/3 + 0,5 + z√2n/3

One-tailed Probability level	Z value
0,05	1,645
0,01	2,326
0,00	13,090

Minimum correct judgments to establish significant differentiation

Nº of tasters or tastings	p = 0,05	p = 0,01	p = 0,001	Nº of tasters or tastings	p = 0,05	p = 0,01	p = 0,001
5	4	5	5	56	25	28	31
6	5	6	6	57	26	28	31
7	5	6	7	58	26	29	31
8	6	7	8	59	27	29	32
9	6	7	8	60	27	30	32
10	7	8	9	61	27	30	33
11	7	8	10	62	28	30	33
12	8	9	10	63	28	31	34
13	8	9	11	64	29	31	34
14	9	10	11	65	29	32	34
15	9	10	12	66	29	32	35
16	9	11	12	67	30	32	35
17	10	11	13	68	30	33	36
18	10	12	13	69	30	33	36
19	11	12	14	70	31	34	37
20	11	13	14	71	31	34	37
21	12	13	15	72	32	34	37
22	12	14	15	73	32	35	38
23	12	14	16	74	32	35	38
24	13	14	16	75	33	36	39
25	13	15	17	76	33	36	39
26	14	15	17	77	33	36	39
27	14	16	18	78	34	37	40
28	14	16	18	79	34	37	40
29	15	17	19	80	35	38	41
30	15	17	19	81	35	38	41
31	16	17	20	82	35	38	42
32	16	18	20	83	36	39	42
33	16	18	21	84	36	39	42

Continua...

Tabela 10.3
Teste triangular (p = ½) – continuação

34	17	19	21	85	36	39	43
35	17	19	21	86	37	40	43
36	18	20	22	87	37	40	44
37	18	20	22	88	38	41	44
38	18	20	23	89	38	41	44
39	19	21	23	90	38	41	45
40	19	21	24	91	39	42	45
41	20	22	24	92	39	42	46
42	20	22	25	93	40	43	46
43	20	23	25	94	40	43	46
44	21	23	25	95	40	43	47
45	21	23	26	96	41	44	47
46	22	24	26	97	41	44	48
47	22	24	27	98	41	45	48
48	22	25	27	99	42	45	49
49	23	25	28	100	42	45	49
50	23	25	28	200	79	83	88
51	24	26	28	300	114	120	126
52	24	26	29	400	150	156	164
53	24	27	29	500	185	192	200
54	25	27	30	1000	359	369	381
55	25	27	30	2000	702	717	733

Tabela 10.4
Teste de ordenação – tabela de Kramer – nível de significância 5%

Número de provadores	2	3	4	5	6	7	8	9	10	11	12
2											
3											
4		5 - 11	5 - 15								
5		6 - 14	7 - 18								
6	7 - 11	8 - 16	9 - 21	4 - 14	4 - 17	4 - 20	4 - 23	5 - 25	5 - 28	5 - 31	5 - 34
7	8 - 13	10 - 18	11 - 24	6 - 18	6 - 22	7 - 25	7 - 29	8 - 32	8 - 36	8 - 39	9 - 13
8	9 - 15	11 - 21	13 - 27	8 - 22	9 - 26	9 - 31	10 - 35	11 - 39	12 - 43	12 - 48	13 - 52
9	11 - 16	13 - 23	15 - 30	10 - 26	11 - 31	12 - 36	13 - 41	14 - 46	15 - 51	17 - 55	18 - 60
10	12 - 18	15 - 25	17 - 33	12 - 30	14 - 35	15 - 41	17 - 46	18 - 52	19 - 58	21 - 63	22 - 69
11	13 - 20	16 - 28	19 - 36	15 - 33	17 - 39	18 - 46	20 - 52	22 - 58	24 - 64	25 - 71	27 - 77
12	15 - 21	18 - 30	21 - 39	17 - 37	19 - 44	22 - 50	24 - 57	26 - 64	28 - 71	30 - 78	32 - 85
13	16 - 23	20 - 32	24 - 41	20 - 40	22 - 48	25 - 55	27 - 63	30 - 70	32 - 78	35 - 85	37 - 93
14	17 - 25	22 - 34	26 - 44	22 - 44	25 - 52	28 - 60	31 - 68	34 - 76	36 - 85	39 - 93	42 - 101
15	19 - 26	23 - 37	28 - 47	25 - 47	28 - 56	31 - 65	34 - 74	38 - 82	41 - 91	44 - 100	47 - 109
16	20 - 28	25 - 39	30 - 50	27 - 51	31 - 60	35 - 69	38 - 79	42 - 88	45 - 98	49 - 105	52 - 117
17	22 - 29	27 - 41	32 - 53	30 - 54	34 - 64	38 - 74	42 - 81	46 - 94	50 - 104	54 - 114	57 - 125
18	23 - 31	29 - 43	34 - 56	32 - 58	37 - 68	41 - 79	46 - 88	50 - 100	54 - 111	58 - 122	63 - 132
19	24 - 33	30 - 46	37 - 58	35 - 61	40 - 72	43 - 83	49 - 95	54 - 106	59 - 117	63 - 129	68 - 140
20	22 - 29	27 - 41	32 - 53	38 - 64	43 - 76	48 - 88	53 - 100	58 - 112	63 - 124	68 - 136	73 - 148
18	23 - 31	29 - 43	34 - 56	40 - 68	46 - 80	52 - 92	57 - 105	62 - 118	68 - 130	73 - 148	79 - 155
19	24 - 33	30 - 46	37 - 58	43 - 71	49 - 84	55 - 97	61 - 110	67 - 123	73 - 136	78 - 150	84 - 163
20	26 - 34	32 - 48	39 - 61	45 - 93	52 - 88	58 - 102	65 - 115	71 - 129	77 - 143	83 - 157	90 - 170

Tabela 10.5
Tabela de Newell e McFarlane
Teste de ordenação de Friedman: diferenças críticas entre os totais das somas de ordenação

Nível de significância de 5%

N° de respostas	\multicolumn{10}{c}{Número de amostras}
	3	4	5	6	7	8	9	10	11	12
3	6	8	11	13	15	18	20	23	25	28
4	7	10	13	15	18	21	24	27	30	33
5	8	11	14	17	21	24	27	30	34	37
6	9	12	15	19	22	26	30	34	37	42
7	10	13	17	20	24	28	32	36	40	44
8	10	14	18	22	26	30	34	39	43	47
9	10	15	19	23	27	32	36	41	46	50
10	11	15	20	24	29	34	38	43	48	53
11	11	16	21	26	30	35	40	45	51	56
12	12	17	22	27	32	37	42	48	53	58
13	12	18	23	28	33	39	44	50	55	61
14	13	18	24	29	34	40	46	52	57	63
15	13	19	24	30	36	42	47	53	59	66
16	14	19	25	31	37	42	49	55	61	67
17	14	20	26	32	38	44	50	56	63	69
18	15	20	26	32	39	45	51	58	65	71
19	15	21	27	33	40	46	53	60	66	73
20	15	21	28	34	41	47	54	61	68	75

Nível de significância de 1%

N° de resposta	\multicolumn{10}{c}{Número de amostras}
	3	4	5	6	7	8	9	10	11	12
3	-	9	12	14	17	19	22	24	27	30
4	8	11	14	17	20	23	26	29	32	36
5	9	13	16	19	23	26	30	33	37	41
6	10	14	18	21	25	29	33	37	41	45
7	11	15	19	23	28	32	36	40	45	49
8	12	16	21	25	30	34	39	43	48	53
9	13	17	22	27	32	36	41	46	51	56
10	13	18	23	28	33	38	44	49	54	59
11	14	19	24	30	35	40	46	51	57	63
12	15	20	26	31	37	42	48	54	60	66
13	15	21	27	32	38	44	50	56	62	68
14	16	22	28	34	40	46	52	58	65	71
15	16	22	28	35	41	48	54	60	67	74
16	17	23	30	36	43	49	56	63	70	77
17	17	24	31	37	44	51	58	65	72	79
18	18	25	31	38	45	52	60	67	74	81
19	18	25	32	39	46	54	61	69	76	84
20	19	26	33	40	48	55	63	70	78	86

Continua...

Tabela 10.5
Tabela de Newell e McFarlane
Teste de ordenação de Friedman: diferenças críticas entre os totais das somas de ordenação – continuação

21	16	22	28	35	42	49	56	63	70	77	21	19	27	34	41	49	56	64	72	80	88
22	16	22	29	36	43	50	57	64	71	79	22	20	27	35	42	50	58	66	74	82	90
23	16	23	30	37	44	51	58	65	73	80	23	20	28	35	43	51	59	67	75	84	92
24	17	23	30	37	45	52	59	67	74	82	24	21	28	36	44	52	60	69	77	85	94
25	17	24	31	38	46	53	61	68	76	84	25	21	29	37	45	53	62	70	79	87	96
26	17	24	32	39	46	54	62	70	77	85	26	22	29	38	46	54	63	71	80	89	98
27	18	25	32	40	47	55	63	71	79	87	27	22	30	38	47	55	64	73	82	91	100
28	18	25	33	40	48	56	64	72	80	89	28	22	31	39	48	56	65	74	83	92	101
29	18	26	33	41	49	57	65	73	82	90	29	23	31	40	48	57	66	75	85	94	103
30	19	26	34	42	50	58	66	75	83	92	30	23	32	40	49	58	67	77	86	95	105
31	19	27	34	42	51	59	67	76	85	93	31	23	32	41	50	59	69	78	87	97	107
32	19	27	35	43	51	60	68	77	86	95	32	24	33	42	51	60	70	79	89	99	108
33	20	27	36	44	52	61	70	78	87	96	33	24	33	42	52	61	71	80	90	100	110
34	20	28	36	44	53	62	71	79	89	98	34	25	34	43	52	62	72	82	92	102	112
35	20	28	37	45	54	63	72	81	90	99	35	25	34	44	53	63	73	83	93	103	113
36	20	29	37	46	55	63	73	82	91	100	36	25	35	44	54	64	74	84	94	105	115
37	21	29	38	46	55	64	74	83	92	102	37	26	35	45	55	65	75	85	95	106	117
38	21	29	38	47	56	65	75	84	94	103	38	26	36	45	55	66	76	86	97	107	118
39	21	30	39	48	57	66	76	85	95	105	39	26	36	46	56	66	77	87	98	109	120
40	21	30	39	48	57	67	76	86	96	106	40	27	36	47	57	67	78	88	99	110	121
41	22	31	40	49	58	68	77	87	97	107	41	27	37	47	57	68	79	90	100	112	123

Continua...

Tabela 10.5
Tabela de Newell e McFarlane
Teste de ordenação de Friedman: diferenças críticas entre os totais das somas de ordenação – continuação

42	22	31	40	49	59	69	78	88	98	109	42	27	37	48	58	69	80	91	102	113	124
43	22	31	41	50	60	69	79	89	99	110	43	28	38	48	59	70	81	92	103	114	126
44	22	32	41	51	60	70	80	90	101	111	44	28	38	49	60	70	82	93	104	115	127
45	23	32	41	51	61	71	81	91	102	112	45	28	39	49	60	71	82	94	105	117	128
46	23	32	42	52	62	72	82	92	103	114	46	28	39	50	61	72	83	95	106	118	130
47	23	33	42	52	62	72	83	93	104	115	47	29	39	50	62	73	84	96	108	119	131
48	23	33	43	53	63	73	84	94	105	116	48	29	40	51	62	74	85	97	109	121	133
49	24	33	43	53	64	74	85	95	106	117	49	29	40	51	63	74	86	98	110	122	134
50	24	34	44	54	64	75	85	96	107	118	50	30	41	52	63	75	87	99	111	123	135
55	25	35	46	56	67	78	90	101	112	124	55	31	43	54	66	79	91	104	116	129	142
60	26	37	48	59	70	82	94	105	117	130	60	32	45	57	69	82	95	108	121	135	148
65	27	38	50	61	73	85	97	110	122	135	65	34	46	59	72	86	99	113	126	140	154
70	28	40	52	64	76	88	101	114	127	140	70	35	48	61	75	89	103	117	131	146	160
75	29	41	53	66	79	91	105	118	131	145	75	35	48	61	75	89	103	117	131	146	160
80	30	42	55	68	81	94	108	122	136	150	80	37	51	66	80	95	110	125	140	156	171
85	31	44	57	70	84	97	111	125	140	154	85	38	53	68	83	98	113	129	144	160	176
90	32	45	58	72	86	100	114	129	144	159	90	40	54	70	85	101	116	132	149	165	181
95	33	46	60	74	88	103	118	133	148	163	95	41	56	71	87	103	120	136	153	169	186
100	34	47	61	76	91	105	121	136	151	167	100	42	57	73	89	106	123	140	157	174	191

Tabela 10.6
Valores críticos do X^2 (Chi-quadrado)

GL	\multicolumn{6}{c}{Nível de significância teste monocaudal}
	0,10	0,05	0,025	0,01	0,005	0,0005
	\multicolumn{6}{c}{Nível de significância teste bicaudal}
	0,20	0,10	0,05	0,02	0,01	0,001
1	1,64	2,71	3,84	5,41	6,64	10,83
2	3,22	4,60	5,99	7,82	9,21	13,82
3	4,64	6,25	7,82	9,84	11,34	16,27
4	5,99	7,78	9,49	11,67	13,28	18,46
5	7,29	9,24	11,07	13,39	15,09	20,52
6	8,56	10,64	12,59	15,03	16,81	22,46
7	9,80	12,02	14,07	16,62	18,48	14,32
8	11,03	13,36	15,51	18,17	20,09	26,12
9	12,24	14,68	16,92	19,68	21,67	27,88
10	13,44	15,99	18,31	21,16	23,21	29,59
11	14,63	17,28	19,68	22,62	24,72	31,26
12	15,81	18,55	21,03	24,05	26,22	32,91
13	16,98	19,81	22,36	25,47	27,69	34,53
14	18,15	21,06	23,68	26,87	29,14	36,12
15	19,31	22,31	25,00	28,26	30,58	37,70
16	20,46	23,54	26,30	29,63	32,00	39,29
17	21,62	24,77	27,59	31,00	33,41	40,75
18	22,76	25,99	28,87	32,35	34,80	42,31
19	23,90	27,20	30,14	33,69	36,19	43,82
20	25,04	28,41	31,41	35,02	37,57	45,32
21	26,17	29,62	32,67	36,34	38,93	46,80
22	27,30	30,81	33,92	37,66	40,29	48,27
23	28,43	32,01	35,17	38,97	41,64	49,73
24	29,55	33,20	36,42	40,27	42,98	51,18
25	30,68	34,38	37,65	41,57	44,31	52,62
26	31,80	35,56	38,88	42,86	45,64	54,05
27	32,91	36,74	40,11	44,14	46,96	55,48
28	34,03	37,92	41,34	45,42	48,28	56,89
29	35,14	39,09	42,69	46,69	49,59	58,30
30	36,25	40,26	43,77	47,96	50,89	59,70
32	38,47	42,59	46,19	50,49	53,49	62,49
34	40,68	44,90	48,60	53,00	56,06	65,25
36	42,88	47,21	51,00	55,49	58,62	67,99
38	45,08	49,51	53,38	57,97	61,16	70,70
40	47,27	51,81	55,76	60,44	63,69	73,40
44	51,64	56,37	60,48	65,34	68,71	78,75
48	55,99	60,91	65,17	70,20	73,68	84,04
52	60,33	65,42	69,83	75,02	78,62	89,27
56	64,66	69,92	74,47	79,82	83,51	94,46
60	68,97	74,40	79,08	84,58	88,38	99,61

Ref: Table IV of Fisher and Yates, Statistical Tables for Biological, Agricultural and Medical Research, published by Longman Group Ltd., London (préviously published by Oliver and Boyd Ltd., Edinburgh) and by permission of authors and publishers.

Tabela 10.7
Limites unilaterais de F ao nível de 5% de probabilidade para $F > 1$
$v1$ = número de graus de liberdade do tratamento; $v2$ = número de graus de liberdade do resíduo

v2\v1	1	2	3	4	5	6	7	8	9	10	11	12	13	14	15	16	20	24	30	40	60	120	¥
1	161,4	199,5	215,7	224,6	230,2	234,0	236,8	238,9	240,5	241,9	243,0	243,9	244,4	245,0	245,9	246,0	248,0	249,1	250,1	251,1	252,2	253,3	254,3
2	16,51	19,00	19,16	19,25	19,30	19,33	19,35	19,37	19,38	19,40	19,40	19,41	19,42	19,42	19,43	19,43	19,45	19,45	19,46	19,47	19,48	19,49	19,50
3	10,13	9,55	9,28	9,12	9,01	8,94	8,89	8,85	8,81	8,79	8,76	8,74	8,72	8,71	8,70	8,69	8,66	8,64	8,62	8,59	8,57	8,55	8,53
4	7,71	6,94	6,59	6,39	6,26	6,16	6,09	6,04	6,00	5,96	5,93	5,91	5,89	5,87	5,86	5,84	5,80	5,77	5,75	5,72	5,69	5,66	5,63
5	6,61	5,79	5,41	5,19	5,05	4,95	4,88	4,82	4,77	4,74	4,70	4,68	4,66	4,64	4,62	4,60	4,56	4,53	4,50	4,46	4,43	4,40	4,36
6	5,99	5,14	4,76	4,53	4,39	4,28	4,21	4,15	4,10	4,06	4,03	4,00	3,98	3,96	3,94	3,92	3,87	3,84	3,81	3,77	3,74	3,70	3,67
7	5,59	4,74	4,35	4,12	3,97	3,87	3,79	3,73	3,68	3,64	3,60	3,57	3,55	3,52	3,51	3,49	3,44	3,41	3,38	3,34	3,30	3,27	3,23
8	5,32	4,46	4,07	3,84	3,69	3,58	3,50	3,44	3,39	3,35	3,31	3,28	3,25	3,23	3,22	3,20	3,15	3,12	3,08	3,04	3,01	2,97	2,93
9	5,12	4,26	3,86	3,63	3,48	3,37	3,29	3,23	3,18	3,14	3,10	3,07	3,04	3,02	3,01	2,98	2,94	2,90	2,86	2,83	2,79	2,75	2,71
10	4,96	4,10	3,71	3,48	3,33	3,22	3,14	3,07	3,02	2,98	2,94	2,91	2,88	2,86	2,85	2,82	2,77	2,74	2,70	2,66	2,62	2,58	2,54
11	4,84	3,98	3,59	3,36	3,20	3,09	3,01	2,95	2,90	2,85	2,82	2,79	2,76	2,74	2,72	2,70	2,65	2,61	2,57	2,53	2,49	2,45	2,40
12	4,75	3,89	3,49	3,26	3,11	3,00	2,91	2,85	2,80	2,75	2,72	2,69	2,66	2,64	2,62	2,60	2,54	2,51	2,47	2,43	2,38	2,34	2,30
13	4,67	3,81	3,41	3,18	3,03	2,92	2,83	2,77	2,71	2,67	2,63	2,60	2,57	2,55	2,53	2,51	2,46	2,42	2,38	2,34	2,30	2,25	2,21
14	4,60	3,74	3,34	3,11	2,96	2,85	2,76	2,70	2,65	2,60	2,56	2,53	2,50	2,48	2,46	2,44	2,39	2,35	2,31	2,27	2,22	2,18	2,13
15	4,54	3,68	3,29	3,06	2,90	2,79	2,71	2,64	2,59	2,54	2,51	2,48	2,45	2,43	2,40	2,39	2,33	2,29	2,25	2,20	2,16	2,11	2,07
16	4,49	3,63	3,24	3,01	2,85	2,74	2,66	2,59	2,54	2,49	2,45	2,42	2,39	2,37	2,35	2,33	2,28	2,24	2,19	2,15	2,11	2,06	2,01
17	4,45	3,59	3,20	2,96	2,81	2,70	2,61	2,55	2,49	2,45	2,41	2,38	2,35	2,33	2,31	2,29	2,23	2,19	2,15	2,10	2,06	2,01	1,96
18	4,41	3,55	3,16	2,93	2,77	2,66	2,58	2,51	2,46	2,41	2,37	2,34	2,31	2,29	2,27	2,25	2,19	2,15	2,11	2,06	2,02	1,97	1,92
19	4,38	3,52	3,13	2,90	2,74	2,63	2,54	2,48	2,42	2,38	2,34	2,31	2,28	2,26	2,23	2,21	2,16	2,11	2,07	2,03	1,98	1,93	1,88
20	4,35	3,49	3,10	2,87	2,71	2,60	2,51	2,45	2,39	2,35	2,31	2,28	2,25	2,23	2,20	2,18	2,12	2,08	2,04	1,99	1,95	1,90	1,84

Continua...

Tabela 10.7
Limites unilaterais de F ao nível de 5% de probabilidade para F > 1
υ1 = número de graus de liberdade do tratamento; υ2 = número de graus de liberdade do resíduo – continuação

21	4,32	3,47	3,07	2,84	2,68	2,57	2,49	2,42	2,37	2,32	2,28	2,25	2,22	2,20	2,18	2,15	2,10	2,05	2,01	1,96	1,92	1,87	1,81
22	4,30	3,44	3,05	2,82	2,66	2,55	2,46	2,40	2,34	2,30	2,26	2,23	2,20	2,18	2,15	2,13	2,07	2,03	1,98	1,94	1,89	1,84	1,78
23	4,28	3,42	3,03	2,80	2,64	2,53	2,44	2,37	2,32	2,27	2,24	2,20	2,17	2,14	2,13	2,10	2,05	2,01	1,96	1,91	1,86	1,81	1,76
24	4,26	3,40	3,01	2,78	2,62	2,51	2,42	2,36	2,30	2,25	2,22	2,18	2,15	2,13	2,11	2,09	2,03	1,98	1,94	1,89	1,84	1,79	1,73
25	4,24	3,39	2,99	2,76	2,60	2,49	2,40	2,34	2,28	2,24	2,20	2,16	2,13	2,11	2,09	2,06	2,01	1,96	1,92	1,87	1,82	1,77	1,71
26	4,23	3,37	2,98	2,74	2,59	2,47	2,39	2,32	2,27	2,22	2,18	2,15	2,12	2,10	2,07	2,05	1,99	1,95	1,90	1,85	1,80	1,75	1,69
27	4,21	3,35	2,96	2,73	2,57	2,46	2,37	2,31	2,25	2,20	2,16	2,13	2,10	2,08	2,06	2,03	1,97	1,93	1,88	1,84	1,79	1,73	1,67
28	4,20	3,34	2,95	2,71	2,56	2,45	2,36	2,29	2,24	2,19	2,15	2,12	2,09	2,06	2,04	2,02	1,96	1,91	1,87	1,82	1,77	1,71	1,65
29	4,18	3,33	2,93	2,70	2,55	2,43	2,35	2,28	2,22	2,18	2,14	2,10	2,07	2,05	2,03	2,00	1,94	1,90	1,85	1,81	1,75	1,70	1,64
30	4,17	3,32	2,92	2,69	2,53	2,42	2,33	2,27	2,21	2,16	2,12	2,09	2,06	2,04	2,01	1,99	1,93	1,89	1,84	1,79	1,74	1,68	1,62
40	4,08	3,23	2,84	2,61	2,45	2,34	2,25	2,18	2,12	2,08	2,04	2,00	1,97	1,95	1,92	1,90	1,84	1,79	1,74	1,69	1,64	1,58	1,51
60	4,00	3,15	2,76	2,53	2,37	2,25	2,17	2,10	2,04	1,99	1,95	1,92	1,89	1,86	1,84	1,81	1,75	1,70	1,65	1,59	1,53	1,47	1,39
120	3,92	3,07	2,68	2,45	2,29	2,17	2,09	2,02	1,96	1,91	1,86	1,83	1,80	1,77	1,75	1,73	1,66	1,61	1,55	1,50	1,43	1,35	1,25
∞	3,84	3,00	2,60	2,37	2,21	2,10	2,01	1,94	1,88	1,83	1,79	1,75	1,72	1,69	1,67	1,64	1,57	1,52	1,46	1,39	1,32	1,22	1,00

Tabela 10.8
Limites unilaterais de F ao nível de 1% de probabilidade para F > 1

$\upsilon 1$ = número de graus de liberdade do tratamento; $\upsilon 2$ = número de graus de liberdade do resíduo

υ2\υ1	1	2	3	4	5	6	7	8	9	10	11	12	13	14	15	16	20	24	30	40	60	120	∞
1	4052	5000	5403	5625	5764	5859	5928	5982	6022	6056	6082	6106	6125	6142	6157	6169	6209	6235	6261	6287	6313	6339	6366
2	98,50	99,00	99,17	99,25	99,30	99,33	99,36	99,37	99,39	99,40	99,41	99,42	99,42	99,43	99,43	99,44	99,45	99,46	99,47	99,47	99,48	99,49	99,50
3	34,12	30,82	29,46	28,71	28,24	27,91	27,67	27,49	27,35	27,23	27,13	27,05	26,98	26,92	26,87	26,83	26,69	26,60	26,50	26,41	26,32	26,22	26,13
4	21,20	18,00	16,69	15,98	15,52	15,21	14,93	14,80	14,66	14,55	14,45	14,37	14,30	14,24	14,20	14,15	14,02	13,93	13,84	13,75	13,65	13,56	13,46
5	16,26	13,27	12,06	11,39	10,97	10,67	10,46	10,29	10,16	10,05	9,96	9,89	9,83	9,77	9,72	9,68	9,55	9,47	9,38	9,29	9,20	9,11	9,02
6	13,75	10,92	9,78	9,15	8,75	8,47	8,26	8,10	7,98	7,87	7,79	7,72	7,66	7,60	7,56	7,52	7,40	7,31	7,23	7,14	7,06	6,97	6,88
7	12,25	9,55	8,45	7,85	8,46	7,19	6,99	6,84	6,72	6,62	6,54	6,47	6,41	6,35	6,31	6,27	6,16	6,07	5,99	5,91	5,82	5,74	5,65
8	11,26	8,65	7,59	7,01	6,63	6,37	6,18	6,03	5,91	5,81	5,74	5,67	5,61	5,56	5,52	5,48	5,36	5,28	5,20	5,12	5,03	4,95	4,86
9	10,56	8,02	6,99	6,42	6,06	5,80	5,61	5,47	5,35	5,26	5,18	5,11	5,05	5,00	4,96	4,92	4,81	4,73	4,65	4,57	4,48	4,40	4,31
10	10,04	7,56	6,55	5,99	5,64	5,39	5,20	5,06	4,94	4,85	4,78	4,71	4,65	4,60	4,56	4,52	4,41	4,33	4,25	4,17	4,08	4,00	3,91
11	9,65	7,21	6,22	5,67	5,32	5,07	4,89	4,74	4,63	4,54	4,46	4,40	4,34	4,29	4,25	4,21	4,10	4,02	3,94	3,86	3,78	3,69	3,60
12	9,33	6,93	5,95	5,41	5,06	4,82	4,64	4,50	4,39	4,30	4,22	4,16	4,10	4,05	4,01	3,98	3,86	3,78	3,70	3,62	3,54	3,45	3,36
13	9,07	6,70	5,74	5,21	4,86	4,62	4,44	4,30	4,19	4,10	4,02	3,96	3,90	3,85	3,82	3,78	3,66	3,59	3,51	3,43	3,34	3,25	3,17
14	8,86	6,51	5,56	5,04	4,69	4,46	4,28	4,14	4,03	3,94	3,86	3,80	3,75	3,70	3,66	3,62	3,51	3,43	3,35	3,27	3,18	3,09	3,00
15	8,68	6,36	5,42	4,89	4,56	4,32	4,14	4,00	3,89	3,80	3,73	3,67	3,61	3,56	3,52	3,48	3,37	3,29	3,21	3,13	3,05	2,96	2,87
16	8,53	6,23	5,29	4,77	4,44	4,20	4,03	3,89	3,78	3,69	3,61	3,55	3,50	3,45	3,41	3,37	3,26	3,18	3,10	3,02	2,93	2,84	2,75
17	8,40	6,11	5,18	4,67	4,34	4,10	3,93	3,79	3,68	3,59	3,52	3,46	3,40	3,35	3,31	3,27	3,16	3,08	3,00	2,92	2,83	2,75	2,65
18	8,29	6,01	5,09	4,58	4,25	4,01	3,84	3,71	3,60	3,51	3,44	3,37	3,32	3,27	3,23	3,19	3,08	3,00	2,92	2,84	2,75	2,66	2,57
19	8,18	5,93	5,01	4,50	4,17	3,94	3,77	3,63	3,52	3,43	3,36	3,30	3,24	3,19	3,15	3,12	3,00	2,92	2,84	2,76	2,67	2,58	2,49
20	8,10	5,85	4,94	4,43	4,10	3,87	3,70	3,56	3,46	3,37	3,30	3,23	3,18	3,13	3,09	3,05	2,94	2,86	2,78	2,69	2,61	2,52	2,42

Continua...

Tabela 10.8
Limites unilaterais de F ao nível de 1% de probabilidade para F > 1
υ 1 = número de graus de liberdade do tratamento; υ 2 = número de graus de liberdade do resíduo – continuação

21	8,02	5,78	4,87	4,37	4,04	3,81	3,64	3,51	3,40	3,31	3,24	3,17	3,12	3,07	3,03	2,99	2,83	2,80	2,72	2,64	2,55	2,46	2,36
22	7,95	5,72	4,82	4,31	3,99	3,76	3,59	3,45	3,35	3,26	2,18	3,12	3,07	3,02	2,98	2,94	2,83	2,75	2,67	2,58	2,50	2,40	2,31
23	7,88	5,66	4,76	4,26	3,94	3,71	3,54	3,41	3,30	3,21	3,14	3,07	3,02	2,97	2,93	2,89	2,78	2,70	2,62	2,54	2,45	2,35	2,26
24	7,82	5,61	4,72	4,22	3,90	3,67	3,50	3,36	3,26	3,17	3,09	3,03	2,98	2,93	2,89	2,85	2,74	2,66	2,58	2,49	2,40	2,31	2,21
25	7,77	5,57	4,68	4,18	3,85	3,63	3,46	3,32	3,22	3,13	3,05	2,99	2,94	2,89	2,85	2,81	2,70	2,62	2,54	2,45	2,36	2,27	2,17
26	7,72	5,53	4,64	4,14	3,82	3,59	3,42	3,29	3,18	3,09	3,02	2,96	2,91	2,86	2,81	2,77	2,66	2,58	2,50	2,42	2,33	2,23	2,13
27	7,68	5,49	4,60	4,11	3,78	3,56	3,39	3,26	3,15	3,06	2,98	2,93	2,88	2,83	2,78	2,74	2,63	2,55	2,47	2,38	2,29	2,20	2,10
28	7,64	5,45	4,57	4,07	3,75	3,53	3,36	3,23	3,12	3,03	2,95	2,90	2,85	2,80	2,75	2,71	2,60	2,52	2,44	2,35	2,26	2,17	2,06
29	7,60	5,42	4,54	4,04	3,73	3,50	3,33	3,20	3,09	3,00	2,92	2,87	2,82	2,77	2,73	2,68	2,57	2,49	2,41	2,33	2,23	2,14	2,03
30	7,56	5,39	4,51	4,02	3,70	3,47	3,30	3,17	3,07	2,98	2,90	2,84	2,79	2,74	2,70	2,66	2,55	2,47	2,39	2,30	2,21	2,11	2,01
40	7,31	5,18	4,31	3,83	3,51	3,29	3,12	2,99	2,89	2,80	2,73	2,66	2,61	2,56	2,52	2,49	2,37	2,29	2,20	2,11	2,02	1,92	1,80
60	7,08	4,98	4,13	3,65	3,34	3,12	2,95	2,82	2,72	2,63	2,56	2,50	2,45	2,40	2,35	2,32	2,20	2,12	2,03	1,94	1,84	1,73	1,60
120	6,85	4,79	3,95	3,48	3,17	2,96	2,79	2,66	2,56	2,47	2,40	2,34	2,29	2,24	2,19	2,16	2,03	1,95	1,86	1,76	1,66	1,53	1,33
∞	6,63	4,61	3,78	3,32	3,02	2,80	2,64	2,51	2,41	2,32	2,24	2,18	2,12	2,07	2,04	1,99	1,83	1,79	1,70	1,59	1,47	1,32	1,00

Tabela 10.9
Valores da amplitude total estudentizada (q) para uso no teste de Tukey ao nível de 5% de probabilidade
t = número de tratamentos
v' = número de graus de liberdade do resíduo

v'\t	2	3	4	5	6	7	8	9	10	11	12	13	14	15	16	17	18	19	20
1	17,97	26,98	32,82	37,08	40,41	43,12	45,40	47,36	49,07	50,59	51,96	53,20	54,33	55,36	56,32	57,22	58,04	58,83	59,56
2	6,09	8,33	9,80	10,88	11,74	12,44	13,03	13,54	13,99	14,39	14,75	15,08	15,38	15,65	15,91	16,14	16,37	16,57	16,77
3	4,50	5,91	6,83	7,50	8,04	8,48	8,85	9,18	9,46	9,72	9,95	10,15	10,35	10,53	10,69	10,84	10,98	11,11	11,24
4	3,93	5,04	5,76	6,29	6,71	7,05	7,35	7,60	7,83	8,03	8,21	8,37	8,53	8,66	8,79	8,91	9,03	9,13	9,23
5	3,64	4,60	5,22	5,67	6,03	6,33	6,58	6,80	7,00	7,17	7,32	7,47	7,60	7,72	7,83	7,93	8,03	8,12	8,21
6	3,46	4,34	4,90	5,31	5,63	5,90	6,12	6,32	6,49	6,65	6,79	6,92	7,03	7,14	7,24	7,34	7,43	7,51	7,59
7	3,34	4,17	4,68	5,06	5,36	5,61	5,82	6,00	6,16	6,30	6,43	6,55	6,66	6,76	6,85	6,94	7,02	7,10	7,17
8	3,26	4,04	4,53	4,89	5,17	5,40	5,60	5,77	5,92	6,05	6,18	6,29	6,39	6,48	6,57	6,65	6,73	6,80	6,87
9	3,20	3,95	4,42	4,76	5,02	5,24	5,43	5,60	5,74	5,87	5,98	6,09	6,19	6,28	6,36	6,44	6,51	6,58	6,64
10	3,15	3,88	4,33	4,65	4,91	5,12	5,31	5,46	5,60	5,72	5,83	5,94	6,03	6,11	6,19	6,27	6,34	6,41	6,47
11	3,11	3,82	4,26	4,57	4,82	5,03	5,20	5,35	5,49	5,61	5,71	5,81	5,90	5,98	6,06	6,13	6,20	6,27	6,33
12	3,08	3,77	4,20	4,51	4,75	4,95	5,12	5,27	5,40	5,51	5,62	5,71	5,80	5,88	5,95	6,02	6,09	6,15	6,21
13	3,06	3,74	4,15	4,45	4,69	4,89	5,05	5,19	5,32	5,43	5,53	5,63	5,71	5,79	5,86	5,93	6,00	6,06	6,11
14	3,03	3,70	4,11	4,41	4,64	4,83	4,99	5,13	5,25	5,36	5,46	5,55	5,64	5,71	5,79	5,85	5,92	5,97	6,03
15	3,01	3,67	4,08	4,37	4,60	4,78	4,94	5,08	5,20	5,31	5,40	5,49	5,57	5,65	5,72	5,79	5,85	5,90	5,96
16	3,00	3,65	4,05	4,33	4,56	4,74	4,90	5,03	5,15	5,26	5,35	5,44	5,52	5,59	5,66	5,73	5,79	5,84	5,90
17	2,98	3,63	4,02	4,30	4,52	4,71	4,86	4,99	5,11	5,21	5,31	5,39	5,47	5,54	5,61	5,68	5,73	5,79	5,84
18	2,97	3,61	4,00	4,28	4,50	4,67	4,82	4,96	5,07	5,17	5,27	5,35	5,43	5,50	5,57	5,63	5,69	5,74	5,79
19	2,96	3,59	3,98	4,25	4,47	4,65	4,79	4,92	5,04	5,14	5,23	5,32	5,39	5,46	5,53	5,59	5,65	5,70	5,75

Continua...

Tabelas Estatísticas

Tabela 10.9
Valores da amplitude total estudentizada (q) para uso no teste de Tukey ao nível de 5% de probabilidade

t = número de tratamentos

υ' = número de graus de liberdade do resíduo – continuação

20	2,95	3,58	3,96	4,23	4,45	4,62	4,77	4,90	5,01	5,11	5,20	5,28	5,36	5,43	5,49	5,55	5,61	5,66	5,71
24	2,92	3,53	3,90	4,17	4,37	4,54	4,68	4,81	4,92	5,01	5,10	5,18	5,25	5,32	5,38	5,44	5,49	5,55	5,59
30	2,89	3,49	3,85	4,10	4,30	4,46	4,60	4,72	4,82	4,92	5,00	5,08	5,15	5,21	5,27	5,33	5,38	5,43	5,48
40	2,86	3,44	3,79	4,04	4,23	4,39	4,52	4,64	4,74	4,82	4,90	4,98	5,04	5,11	5,16	5,22	5,27	5,31	5,36
60	2,83	3,40	3,74	3,98	4,16	4,31	4,44	4,55	4,65	4,73	4,81	4,88	4,94	5,00	5,06	5,11	5,15	5,20	5,24
120	2,80	3,36	3,69	3,92	4,10	4,24	4,36	4,47	4,56	4,64	4,71	4,78	4,84	4,90	4,95	5,00	5,04	5,09	5,13
∞	2,77	3,31	3,63	3,86	4,03	4,17	4,29	4,39	4,47	4,55	4,62	4,69	4,74	4,80	4,85	4,89	4,93	4,97	5,01

Tabela 10.10
Valores da amplitude total estudentizada (q) para uso no teste de Tukey ao nível de 1% de probabilidade
t = número de tratamentos
υ' = número de graus de liberdade do resíduo

υ'\t	2	3	4	5	6	7	8	9	10	11	12	13	14	15	16	17	18	19
1	90,03	135,0	164,3	185,6	202,2	215,8	227,2	237,0	245,6	253,2	260,0	266,2	271,8	277,0	281,8	286,3	290,4	294,3
2	14,04	19,02	22,29	24,72	26,63	28,20	29,53	30,68	31,69	32,59	33,40	34,13	34,81	35,43	36,00	36,53	37,03	37,50
3	8,26	10,62	12,17	13,33	14,24	15,00	15,64	16,20	16,69	17,13	17,53	17,89	18,22	18,52	18,81	19,07	19,32	19,55
4	6,51	8,12	9,17	9,96	10,58	11,10	11,55	11,93	12,27	12,57	12,84	13,09	13,32	13,53	13,73	13,91	14,08	14,24
5	5,70	6,93	7,80	8,42	8,91	9,32	9,70	9,97	10,24	10,48	10,70	10,89	11,08	11,24	11,40	11,55	11,68	11,81
6	5,24	6,33	7,03	7,56	7,97	8,32	8,61	8,87	9,10	9,30	9,48	9,65	9,81	9,95	10,08	10,21	10,32	10,43
7	4,95	5,92	6,54	7,00	7,37	7,68	7,94	8,17	8,37	8,55	8,71	8,86	9,00	9,12	9,24	9,35	9,46	9,55
8	4,75	5,64	6,20	6,62	6,96	7,24	7,47	7,68	7,86	8,03	8,18	8,31	8,44	8,55	8,66	8,76	8,85	8,94
9	4,60	5,43	5,96	6,35	6,66	6,92	7,13	7,32	7,50	7,65	7,78	7,91	8,02	8,13	8,23	8,32	8,41	8,50
10	4,48	5,27	5,77	6,14	6,43	6,67	6,88	7,06	7,21	7,36	7,48	7,60	7,71	7,81	7,91	7,99	8,08	8,15
11	4,39	5,15	5,62	5,97	6,25	6,48	6,67	6,84	6,99	7,13	7,25	7,36	7,46	7,56	7,65	7,73	7,81	7,88
12	4,32	5,05	5,50	5,84	6,10	6,32	6,51	6,67	6,81	6,94	7,06	7,17	7,26	7,36	7,44	7,52	7,59	7,66
13	4,26	4,96	5,40	5,73	5,98	6,19	6,37	6,53	6,67	6,79	6,90	7,01	7,10	7,19	7,27	7,34	7,42	7,48
14	4,21	4,90	5,32	5,63	5,88	6,08	6,26	6,41	6,54	6,66	6,77	6,87	6,96	7,05	7,13	7,20	7,27	7,33
15	4,17	4,84	5,25	5,56	5,80	5,99	6,16	6,31	6,44	6,56	6,66	6,76	6,84	6,93	7,00	7,07	7,14	7,20
16	4,13	4,79	5,19	5,49	5,72	5,92	6,08	6,22	6,35	6,46	6,56	6,66	6,74	6,82	6,90	6,97	7,03	7,09
17	4,10	4,74	5,14	5,43	5,66	5,85	6,01	6,15	6,27	6,38	6,48	6,57	6,66	6,73	6,81	6,87	6,94	7,00
18	4,07	4,70	5,09	5,38	5,60	5,79	5,94	6,08	6,20	6,31	6,41	6,50	6,58	6,66	6,72	6,79	6,85	6,91
19	4,05	4,67	5,05	5,33	5,55	5,74	5,89	6,02	6,14	6,25	6,34	6,43	6,51	6,58	6,65	6,72	6,78	6,84

Continua...

Tabela 10.10
Valores da amplitude total estudentizada (q) para uso no teste de Tukey ao nível de 1% de probabilidade
t = número de tratamentos
v' = número de graus de liberdade do resíduo – continuação

20	4,02	4,64	5,02	5,29	5,51	5,69	5,84	5,97	6,09	6,19	6,28	6,37	6,45	6,52	6,59	6,65	6,71	6,77
24	3,96	4,55	4,91	5,17	5,37	5,54	5,68	5,81	5,92	6,02	6,11	6,19	6,26	6,33	6,39	6,45	6,51	6,56
30	3,89	4,46	4,80	5,05	5,24	5,40	5,54	5,65	5,76	5,85	5,93	6,01	6,08	6,14	6,20	6,26	6,31	6,36
40	3,82	4,37	4,70	4,93	5,11	5,26	5,39	5,50	5,60	5,69	5,76	5,84	5,90	5,96	6,02	6,07	6,12	6,16
60	3,76	4,28	4,60	4,82	4,99	5,13	5,25	5,36	5,45	5,53	5,60	5,67	5,73	5,78	5,84	5,89	5,93	5,97
120	3,70	4,20	4,50	4,71	4,87	5,00	5,12	5,21	5,30	5,33	5,44	5,50	5,56	5,61	5,66	5,71	5,75	5,79
∞	3,64	4,12	4,40	4,60	4,76	4,88	4,99	5,08	5,16	5,23	5,29	5,35	5,40	5,45	5,49	5,54	5,57	5,61

Tabela 10.11
Valores críticos para o teste de Dunnett

GL do resíduo	a	2	3	4	5	6	7	8	9	10
5	0,05	2,02	2,44	2,68	2,85	2,98	3,08	3,16	3,24	3,30
	0,01	3,37	3,90	4,21	4,43	4,60	4,73	4,85	4,94	5,03
6	0,05	1,94	2,34	2,56	2,71	2,83	2,92	3,00	3,07	3,12
	0,01	3,14	3,61	3,88	4,07	4,21	4,33	4,43	4,51	4,59
7	0,05	1,89	2,274	2,48	2,62	2,73	2,82	2,89	2,95	3,01
	0,01	3,00	3,42	3,66	3,83	3,96	4,07	4,15	4,23	4,30
8	0,05	1,86	2,22	2,42	2,55	2,66	2,74	2,81	2,87	2,92
	0,01	2,90	3,29	3,51	3,67	3,79	3,88	3,96	4,03	4,09
9	0,05	1,83	2,18	2,37	2,50	2,60	2,68	2,75	2,81	2,86
	0,01	2,82	3,19	3,40	3,55	3,66	3,75	3,82	3,89	3,94
10	0,05	1,81	2,15	2,34	2,47	2,56	2,64	2,70	2,76	2,81
	0,01	2,76	3,11	3,31	3,45	3,56	3,64	3,71	3,78	3,83
11	0,05	1,80	2,13	2,31	2,44	2,53	2,60	2,67	2,72	2,77
	0,01	2,72	3,06	3,25	3,38	3,48	3,56	3,63	3,69	3,74
12	0,05	1,78	2,11	2,29	2,41	2,50	2,58	2,64	2,69	2,74
	0,01	2,68	3,01	3,19	3,32	3,42	3,50	3,56	3,62	3,67
13	0,05	1,77	2,09	2,27	2,39	2,48	2,55	2,61	2,66	2,71
	0,01	2,65	2,97	3,15	3,27	3,37	3,44	3,51	3,56	3,61
14	0,05	1,76	2,08	2,25	2,37	2,46	2,53	2,59	2,64	2,69
	0,01	2,62	2,94	3,11	3,23	3,32	3,40	3,46	3,51	3,56
15	0,05	1,75	2,07	2,24	2,36	2,44	2,51	2,57	2,62	2,67
	0,01	2,60	2,91	3,08	3,20	3,29	3,36	3,42	3,47	3,52
16	0,05	1,75	2,06	2,23	2,34	2,43	2,50	2,56	2,61	2,65
	0,01	2,58	2,88	3,05	3,17	3,26	3,33	3,39	3,44	3,48
17	0,05	1,74	2,05	2,22	2,33	2,42	2,49	2,54	2,59	2,64
	0,01	2,57	2,86	3,03	3,14	3,23	3,30	3,36	3,41	3,45
18	0,05	1,73	2,04	2,21	2,32	2,41	2,48	2,53	2,58	2,62
	0,01	2,55	2,84	3,01	3,12	3,21	3,27	3,33	3,38	3,42
19	0,05	1,73	2,03	2,20	2,31	2,40	2,47	2,52	2,57	2,61
	0,01	2,54	2,83	2,99	3,10	3,18	3,25	3,31	3,36	3,40
20	0,05	1,72	2,03	2,19	2,30	2,39	2,46	2,51	2,56	2,60
	0,01	2,53	2,81	2,97	3,08	3,17	3,23	3,29	3,34	3,38
24	0,05	1,71	2,01	2,17	2,28	2,36	2,43	2,48	2,53	2,57
	0,01	2,49	2,77	2,92	3,03	3,11	3,17	3,22	3,27	3,31
30	0,05	1,70	1,99	2,15	2,25	2,33	2,40	2,45	2,50	2,54
	0,01	2,46	2,72	2,87	2,97	3,05	3,11	3,16	3,21	3,24
40	0,05	1,68	1,97	2,13	2,23	2,31	2,37	2,42	2,47	2,51
	0,01	2,42	2,68	2,82	2,92	2,99	3,05	3,10	3,14	3,18
60	0,05	1,67	1,95	2,10	2,21	2,28	2,35	2,39	2,44	2,48
	0,01	2,39	2,64	2,78	2,87	2,94	3,00	3,04	3,08	3,12
120	0,05	1,66	1,93	2,08	2,18	2,26	2,32	2,37	2,41	2,45
	0,01	2,36	2,60	2,73	2,82	2,89	2,94	2,99	3,03	3,06
∞	0,05	1,64	1,92	2,06	2,16	2,23	2,29	2,34	2,38	2,42
	0,01	2,33	2,56	2,68	2,77	2,84	2,89	2,93	2,97	3,00

Tabela 10.12
Distribuição cumulativa – t test

Nível de significância

n	0,75	0,80	0,85	0,90	0,95	0,05 0,975	0,01 0,995	0,001 0,9995
1	1,0005	1,376	1,963	3,078	6,314	12,706	63,657	636,619
2	0,816	1,061	1,386	1,886	2,920	4,303	9,925	31,598
3	0,765	0,978	1,250	1,638	2,353	3,182	5,811	12,911
4	0,741	0,941	1,190	1,533	2,132	2,776	4,604	8,610
5	0,727	0,920	1,156	1,476	2,015	2,571	4,032	6,859
6	0,718	0,906	1,134	1,440	1,943	2,417	3,707	5,959
7	0,711	0,896	1,119	1,415	1,895	2,365	3,499	5,405
8	0,706	0,889	1,108	1,397	1,860	2,306	3,355	5,011
9	0,703	0,883	1,100	1,383	1,833	2,262	3,250	4,781
10	0,700	0,879	1,093	1,372	1,812	2,228	3,169	4,587
11	0,697	0,876	1,088	1,363	1,796	2,201	3,106	4,437
12	0,695	0,873	1,083	1,356	1,782	2,179	3,055	4,318
13	0,694	0,870	1,079	1,350	1,771	2,160	3,012	4,221
14	0,692	0,868	1,076	1,345	1,761	2,145	2,977	4,140
15	0,691	0,866	1,074	1,341	1,753	2,131	2,947	4,073
16	0,690	0,866	1,071	1,337	1,746	2,120	2,921	4,015
17	0,689	0,863	1,069	1,333	1,740	2,110	2,898	3,965
18	0,688	0,862	1,067	1,330	1,734	2,101	2,878	3,922
19	0,688	0,861	1,066	1,328	1,729	2,093	2,861	3,883
20	0,687	0,860	1,064	1,325	1,725	2,086	2,845	3,850
21	0,686	0,859	1,063	1,323	1,721	2,080	2,831	3,819
22	0,685	0,858	1,061	1,321	1,717	2,074	2,819	3,792
23	0,685	0,858	1,060	1,319	1,714	2,069	2,807	3,767
24	0,685	0,857	1,059	1,318	1,711	2,064	2,797	3,745
25	0,684	0,856	1,058	1,316	1,708	2,060	2,787	3,725
26	0,684	0,856	1,058	1,315	1,706	2,056	2,779	3,707
27	0,684	0,855	1,057	1,314	1,703	2,052	2,771	3,690
28	0,683	0,855	1,056	1,313	1,701	2,048	2,763	3,674
29	0,683	0,854	1,055	1,311	1,699	2,045	2,756	3,659
30	0,683	0,854	1,055	1,310	1,697	2,042	2,750	3,616
35	0,682	0,852	1,052	1,306	1,690	2,030	2,724	3,591
40	0,681	0,851	1,050	1,303	1,684	2,021	2,704	3,551
45	0,680	0,850	1,048	1,301	1,680	2,014	2,690	3,520
50	0,680	0,849	1,047	1,299	1,676	2,008	2,678	3,496
55	0,679	0,849	1,047	1,297	1,673	2,004	2,669	3,476
60	0,679	0,848	1,046	1,296	1,671	2,000	2,660	3,460
70	0,678	0,847	1,045	1,294	1,667	1,994	2,648	3,435
80	0,678	0,847	1,044	1,293	1,665	1,990	2,638	3,416
90	0,678	0,846	1,043	1,291	1,662	1,987	2,632	3,402
100	0,677	0,846	1,042	1,290	1,661	1,984	2,626	3,390
200	0,676	0,844	1,039	1,286	1,653	1,972	2,601	3,340
300	0,676	0,843	1,038	1,285	1,650	1,968	2,592	3,323
400	0,676	0,843	1,038	1,284	1,649	1,966	2,588	3,315
500	0,676	0,843	1,037	1,284	1,648	1,965	2,586	3,310
1000	0,675	0,842	1,037	1,283	1,647	1,962	2,581	3,301
¥	0,674	0,842	1,036	1,281	1,645	1,960	2,576	3,291

Tabela 10.13
Significância do coeficiente de correlação (Coeficiente de Pearson, r)

Graus de liberdade	Níveis de probabilidade (%) 5	1	0,1	Graus de liberdade	Níveis de probabilidade (%) 5	1	0,1
1	0,997	1,000	-	24	0,388	0,496	0,607
2	0,950	0,990	0,999	25	0,381	0,487	0,597
3	0,878	0,959	0,991	26	0,374	0,478	0,588
4	0,811	0,917	0,974	27	0,367	0,470	0,579
5	0,754	0,874	0,951	28	0,361	0,463	0,570
6	0,707	0,834	0,925	29	0,355	0,456	0,562
7	0,666	0,798	0,898	30	0,349	0,449	0,554
8	0,632	0,765	0,872	35	0,325	0,418	0,539
9	0,602	0,735	0,847	40	0,304	0,393	0,489
10	0,576	0,708	0,823	45	0,288	0,372	0,465
11	0,553	0,684	0,801	50	0,273	0,354	0,443
12	0,532	0,661	0,780	60	0,250	0,325	0,408
13	0,514	0,641	0,760	70	0,232	0,302	0,380
14	0,497	0,623	0,742	80	0,217	0,283	0,357
15	0,482	0,606	0,725	90	0,205	0,267	0,338
16	0,468	0,590	0,708	100	0,195	0,254	0,321
17	0,456	0,575	0,693	125	0,174	0,228	--
18	0,444	0,561	0,679	150	0,159	0,208	--
19	0,433	0,549	0,665	200	0,138	0,181	--
20	0,423	0,537	0,652	300	0,113	0,148	--
21	0,413	0,526	0,640	400	0,098	0,128	--
22	0,404	0,515	0,629	500	0.088	0,115	--
23	0,396	0,505	0,618	1000	0,062	0,081	--

Tabela 10.14
Triangle Test for Similarity (critical number of correct answers)

α	β	Pd 0,10	0,15	0,20	0,25	0,30
18	0,001	-	-	-	-	-
	0,01	-	-	-	-	-
	0,05	-	-	-	-	-
	0,10	-	-	-	-	6
21	0,001	-	-	-	-	-
	0,01	-	-	-	-	-
	0,05	-	-	-	-	-
	0,10	-	-	-	7	7
24	0,001	-	-	-	-	-
	0,01	-	-	-	-	-
	0,05	-	-	-	-	8
	0,10	-	-	-	8	9
27	0,001	-	-	-	-	-
	0,01	-	-	-	-	-
	0,05	-	-	-	-	9
	0,10	-	-	-	9	10
30	0,001	-	-	-	-	-
	0,01	-	-	-	-	-
	0,05	-	-	-	10	11
	0,10	-	-	10	10	11
33	0,001	-	-	-	-	-
	0,01	-	-	-	-	-
	0,05	-	-	-	11	12
	0,10	-	-	11	12	13
36	0,001	-	-	-	-	-
	0,01	-	-	-	-	-
	0,05	-	-	-	12	13
	0,10	-	-	12	13	14
39	0,001	-	-	-	-	-
	0,01	-	-	-	-	13
	0,05	-	-	-	13	15
	0,10	-	-	13	15	16
42	0,001	-	-	-	-	-
	0,01	-	-	-	-	14
	0,05	-	-	-	15	16
	0,10	-	-	14	16	17
45	0,001	-	-	-	-	-
	0,01	-	-	-	-	15

Continua...

Tabela 10.14
Triangle Test for Similarity (critical number of correct answers) – continuação

	0,05	-	-	15	16	17
	0,10	-	-	16	17	19
48	0,001	-	-	-	-	-
	0,01	-	-	-	-	17
	0,05	-	-	16	17	19
	0,10	-	-	17	19	20
51	0,001	-	-	-	-	-
	0,01	-	-	-	-	18
	0,05	-	-	17	19	20
	0,10	-	17	18	20	22
54	0,001	-	-	-	-	-
	0,01	-	-	-	18	19
	0,05	-	-	18	20	22
	0,10	-	18	20	21	23
57	0,001	-	-	-	-	-
	0,01	-	-	-	19	21
	0,05	-	-	19	21	23
	0,10	-	19	21	23	25
60	0,001	-	-	-	-	-
	0,01	-	-	-	20	22
	0,05	-	-	21	23	25
	0,10	-	20	22	24	26

Índice Remissivo

A

Análise
    de aceitação de provadores, 87
    estatística aplicada, 113
        análise de variância, 118
            teste de média de Tukey, 122
        coeficiente de correlação, 115
        conceitos básicos, 113
            desvio-padrão, 113
            grau de liberdade, 114
            hipótese
                alternativa, 114
                nula, 114
            média aritmética simples, 113
            significância, 114
            variância, 113
        regressão linear, 118
    sensorial, definição, 1
Anatomia
    da língua e suas áreas gustativas, 8
    do globo ocular humano, 23
Aparelho utilizado no teste de Von Skamlik, 37
Apresentação esquemática da qualidade sensorial dos alimentos em forma de um círculo, segundo Kramer, 12
Aquecedor elétrico, 48
Avaliação sensorial realizada pelo homem, 18

C

Cabines individuais para testes sensoriais, 42
Cérebro humano e as áreas receptoras dos sentidos, 22
Códigos de 3 dígitos randomizados para delineamento, 127-129
Corte do aparelho olfativo humano, 27
Curva de escoamento para fluido(s)
    dilatantes, 16
    newtoniano, 15
    plásticos, 15
    pseudoplásticos, 16

D

Distribuição
    cumulativa – *t test*, 148
    de pontos experimentais em várias situações, 115

E

Escala hedônica
    facial, 106
    não estruturada, 106
Espectro eletromagnético, 26
Esquema
    da estrutura de um neurônio, 20
    da transmissão de sinais elétricos até o cérebro, 20
    do mecanismo da sinapse, 21
    do ouvido humano, 39
    dos botões gustativos na superfície da língua, 32
Etapas de avaliação do perfil de textura, 94

F

Fatores a serem observados nos testes de análise sensorial, 41
    diluição e carregadores, 46
    layout do laboratório de análise sensorial, 41
        área
            de aplicação de testes, 42
            de preparação das amostras, 41
    luz, 53

pessoal, 44
preparação das amostras, 45
registros, 44
seleção e treinamento de provadores, 49
    seleção de provadores, 49
    treinamento, 51
som, 44
temperatura de avaliação dos produtos, 46
utensílios, 48
Fatores que influenciam as medidas sensoriais, 53
    efeito de halo, 55
    erro
        de contraste, 54
        de estímulo, 53
        de expectativa, 53
        de indulgência, 55
        de lógica, 54
        de motivação, 54
        de posição, 55
        de primeira espécie, 55
        de segunda espécie, 55
        de sugestão, 54

G

Gostos básicos, 7
Gráfico aranha para avaliar os resultados da análise descritiva quantitativa, 98
Grupo funcional da molécula doce, 33

I

Interação das características dos alimentos com o homem, 2

L

Layout do laboratório de análise sensorial, 41
    área
        de aplicação de testes, 42
        de preparação das amostras, 41

M

Mecanismo de ação
    dos gostos doce, amargo e umami nos microvilos, 35
    dos gostos salgado e ácido nos microvilos receptores, 34
Mesa redonda com divisórias removíveis, 43
Métodos para avaliação sensorial, 57
    testes afetivos, 103
        de aceitabilidade, 105
            avaliação de aceitação, 110
            escala
                do ideal, 109
                hedônica, 105
            intenção de compra, 110
        de preferência, 104
            comparação pareada, 104
            ordenação, 104
    testes analíticos descritivos, 89
        métodos
            qualitativos, 89
            quantitativos, 90
                análise quantitativa descritiva – ADQ, 95
                perfil
                      de sabor, 90
                      de textura, 91
    testes analíticos discriminativos, 58
        testes de diferença, 58
            de comparação pareada, 58
            de diferença do controle ou comparação múltipla, 68
            de ordenação (*ranking test*), 63
            de similaridade, 74
            duo-trio, 62
            estatística, 80
            simples, 71
            triangular, 60
            usando escalas, 75
                de magnitude, 78
                estruturada ou de categoria, 76
                hedônica, 77

      não estruturada ou linha, 76
      quanto ao
          número de atributos, 77
          tipo
              de avaliação, 77
              de polaridade, 77
testes de sensibilidade, 81
      de diluição, 88
      de limite, 87
      threshold, 81
      análise sequencial, 85
      de diferença, 88
      determinação do *threshold* segundo método de Moskowitz, 82
      substâncias típicas dos gostos básicos, 83

N
Noções gerais sobre qualidade, 11

O
Origem e desencadeamento de um impulso nervoso, 21

P
Preparação das amostras nos testes de análise sensorial, 45

R
Receptores olfativos, 28

S
Sentidos humanos, os, 17
    audição, 38
    gustação, 31
        aroma, 37
        gosto, 31
            sensibilidade, 36
    olfato, 27
    percepção bucal, 38

tato, 38
visão, 23
Significância do coeficiente de correlação, 149

T

Tabelas estatísticas, 127
Teste
    de comparação pareada e duo-trio, 130-131
    de ordenação
        de Friedman: diferenças críticas entre os totais das somas de ordenação, 135-137
        tabela de Kramer – nível de significância 5%, 134
    triangular, 132-133
Triangle Test for Similarity (*critical number of correct answers*), 150-151

U

Utensílio para o teste de odores, 48

V

Valores críticos
    do $\aleph^2$ (chi-quadrado), 138
    para o teste de Dunnett, 147
Variação do grau de sensibilidade da língua com a temperatura, 9